1000 ANECDOTES DE L'AUTOMOBILE

Pierre-Olivier Marie

Hugo Image

Ouvrage dirigé par Jean-Baptiste Gilou

34-36, rue La Pérouse - 75116 Paris
www.hugoetcie.fr

Dépôt légal : mai 2016
ISBN : 9782755618297
Imprimé en République Tchèque

« J'ai dépensé presque tout mon argent dans l'alcool,
les femmes et les voitures de sport. Le reste, je l'ai gaspillé. »

George Best, footballeur de légende (1946-2005)

Pour Géraldine, Maxime et Emilie.

STARTER

LA MERVEILLEUSE AVENTURE DE L'AUTOMOBILE

C'est elle que retrace le savant et passionnant dictionnaire que Pierre-Olivier Marie lui consacre aujourd'hui. Son parti pris ? Croiser la grande et la petite histoire, le cours du monde et les anecdotes singulières.

Du coup, on y apprend mille choses, sur de Gaulle et les voitures présidentielles, sur le goût des dictateurs pour les voitures de luxe, sur l'étrange enlèvement de Fangio par les castristes, sur la rivalité Prost-Senna, les dessous des 24 heures du Mans, les nombreuses voitures présentes dans les albums de Tintin, sur l'histoire des marques, des constructeurs, des grands pilotes, et bien d'autres découvertes encore. L'auteur y pose aussi des questions de fond, sur la politique (« la bagnole est elle de droite ? »), l'écologie, la sécurité, la vitesse, le goût du risque, le sport… Bref, un ouvrage indispensable pour quiconque s'intéresse encore à ce qui fut l'une des plus glorieuses aventures du XXe siècle.

Comme on voit, j'en parle un peu au passé, avec un brin, je l'avoue, de nostalgie. Mon soupçon est que cette aventure, au moins pour une part, est en voie d'extinction. Bientôt, des voitures sans pilote seront à notre disposition – la technique est pratiquement au point, c'est du reste celle-là même qui équipe déjà les véhicules capables de se garer sans que le conducteur touche le volant. L'avantage, c'est qu'il n'y aura plus, ou à tout le moins presque plus, d'accidents. L'inconvénient ? C'est que la logique de la peur et du principe de précaution, omniprésente dans nos sociétés démocratiques, l'emportera définitivement sur la passion, désormais désuète, de la vitesse et de la beauté. Disons les choses clairement : aujourd'hui, nous avons peur de tout - du sexe, de l'alcool, du tabac, des volailles, des côtes de bœuf, des micro-ondes, du trou dans la couche d'ozone, de la mondialisation, des nanotechnologies, des OGM, du réchauffement climatique, et de mille autres choses encore. Cette prolifération des peurs s'est accompagnée d'une déculpabilisation de cette passion honteuse et infantile avec la détestable inscription du principe de précaution dans notre constitution. L'idéal du risque zéro s'est installé dans nos existences et c'est compréhensible : nous sommes bien trop nombreux, nos vies sont bien trop précieuses et bien trop fragiles pour que le souci de la sécurité ne l'emporte pas au final sur tous les autres. Je le comprends, cela va de soi.

Pourtant, la voiture fut, reste et restera encore quelques temps je l'espère, une des merveilles nées dans la civilisation occidentale. Son invention est directement liée aux progrès de la liberté individuelle – une liberté qu'on sacrifiera sans doute bientôt au collectif. Je n'ai rien contre les transports en commun, bien au contraire, mais ils ne remplaceront jamais le besoin d'être libre, le plaisir qu'on éprouve à partir quand on veut, avec qui et où l'on veut. Du reste l'histoire de la voiture ne fut pas seulement celle des aventures de la liberté, mais aussi de progrès techniques fabuleux et, tout simplement, de l'esthétique. Qu'y a t il de plus beau dans tout le XXIe siècle, qu'une Jaguar Type D, une Bugatti Atalante, une Flèche d'argent ou une Ferrari des années 60 ? La valeur des voitures anciennes aux yeux des amateurs en témoigne. Leur prix n'a plus aucun lien avec leur utilité, ce qui les situe dans la sphère des œuvres d'art les plus estimées.

Encore une fois, je comprends le souci de la sécurité comme celui de l'écologie. Reste que se priver de la liberté individuelle, des progrès techniques, de toute cette beauté, sans même parler du sport automobile, qui fut et reste un lieu de courage et de dépassement de soi, serait malheureux.

Par la culture, le talent et le style dont il fait preuve, l'ouvrage qu'on va lire contribuera, j'en suis certain, à maintenir en vie la passion de l'automobile.

Luc Ferry

SUR LA ROUTE, IL FAUT APPRENDRE À VIVRE AVEC *« L'OBSTINÉ, LE SUPÉRIEUR, LE SOURNOIS, LE PUNISSEUR »*. ET CONTRE CES INDIVIDUS, UNE SEULE FAÇON D'ÊTRE : *« SOYEZ LE TENNISMAN QUI MONTE AU FILET, LE CAVALIER QUI ÉPERONNE SA MONTURE. ACCÉLÉREZ ! »*

ACCÉLÉREZ !

En 1954, quatre ans après avoir écrit son livre, Edmond Dujardin créait le jeu des Mille Bornes, présenté alors comme «la canasta de la route».

Ces lignes sont extraites d'un ouvrage écrit en 1950 par Edmond Dujardin, plus connu pour être l'inventeur du jeu des Mille Bornes.
Ce livre témoigne d'une vision naïve et optimiste d'une automobile conquérante, au volant de laquelle l'homme moderne saura s'épanouir, heureux d'exercer ce que l'auteur appelle *« le nouvel art du volant »*.

On plonge avec délice dans ces pages au propos délicieusement désuet, dont voici quelques titres des sous-parties : *« Épargnez quand même les cyclistes »*, *« Laissez parler votre volant »*, *« Unissez-vous à votre voiture »* (!), *« Accélérer, c'est vivre »*, ou bien encore *« Apprenez posément à conduire vite »*.

L'on y apprend notamment que *« tout virage est un combat »* (entre la volonté du conducteur et la force centrifuge qui tire la voiture vers l'extérieur), qu'en accélérant *« vous avez un but, vous savez ce que vous voulez ; vous êtes alors l'homme fort, déterminé, qui mène les évènements »*, qu' *« en ville, il faut avoir du nerf et se tenir prêt à saisir la moindre occasion de gagner un mètre, une seconde »*, ou bien encore que *« la règle du jeu est formelle : toute voiture qui vous rejoint et corne derrière vous a gagné ; laissez-la passer, sans discuter, sans chercher à comprendre. Après quoi personne ne vous empêche de faire une seconde manche »*.
Toutefois, si certaines énormités doivent être replacées dans le contexte de l'époque (*« Mettez votre meilleur pneu à l'avant droit »*, par exemple), accordons à l'auteur un certain bon sens et une relative *vista* sur les grands enjeux de sécurité routière, et notamment sur l'alcool, ce qui n'était alors pas courant.

A comme…

JEAN ALESI

À UN JOURNALISTE QUI DEMANDAIT UN JOUR À JEAN ALESI AVANT UNE COURSE : *« ALORS JEAN, LA VOITURE EST BIEN PLACÉE, FLAVIO BRIATORE EST CONTENT ? »*, CELUI-CI RÉPONDIT TOUT DE GO : *« OUI, MAIS FLAVIO* *IL NE SAIT PAS FAIRE LA DIFFÉRENCE ENTRE SES MOCASSINS EN CROCO ET LA VOITURE ! »*

201 GP disputés, émaillés de 87 abandons. Mais ce dont il faut se souvenir, c'est que la seule victoire en GP a été obtenue au volant d'une Ferrari (Canada, 1995). Sa voiture arborait le numéro 27, comme celle du canadien Gilles Villeneuve, et c'est la dernière victoire d'un V12 en Grand Prix.

Rappelons qu'à l'époque (saisons 1996 et 1997) les relations entre le team manager de l'écurie Benetton-Renault et son pilote n'étaient pas au beau fixe (cela s'est arrangé depuis)… Cet échange résume assez bien le caractère direct et spontané de Jean Alesi, dont le trop maigre palmarès en Formule 1, avec 32 podiums pour une seule victoire, au GP du Canada en 1995, ne rend pas justice à son talent.

Quoi qu'il en soit, le pilote, qui se définit lui-même comme un *« optimiste du volant »* reste l'un des plus appréciés du grand public pour son franc-parler.

Au-delà, l'homme considère comme une profonde injustice la réputation de pilote fantasque qui lui colle aux pneus à cause des *Guignols de l'info*. Dans une interview accordée à *Question Auto* en 2011, il fustigeait ainsi « *ces imbéciles* [qui] *m'ont fait passer pour le type qui sort toujours de la piste et passe son temps dans le bac à sable, alors que j'étais le pilote qui faisait le plus de kilomètres en course dans une saison. Je suis celui qui sort le moins souvent, le plus fiable de la F1, et ces crétins me ruinent ma réputation auprès du grand public.* [...] *Je suis respecté dans le monde entier pour ma carrière.*

En Italie, quand je me fais arrêter par les carabinieri, ils me disent d'aller plus vite. Au Japon, tout le monde m'adore. Et en France, les gens se foutent de moi. Mais les vrais fans, eux, sont toujours là. Quand j'ai fait Le Mans avec une petite Ferrari GT en 2010, je pense que j'ai signé plus d'autographes que tous les pilotes Peugeot et Audi réunis. »

Il y a donc une justice.

L'adage veut que l'on pilote comme on est dans la vie. Jean Alesi offre un style généreux. Et le public le lui rend bien.

A comme...

ALLO ?

MÊME S'IL S'AGIT D'UNE PRATIQUE SÉVÈREMENT SANCTIONNÉE (-3 POINTS, 135 € D'AMENDE), PRÈS DE 450 000 CONDUCTEURS SE FONT ENCORE PINCER TÉLÉPHONE EN MAIN CHAQUE ANNÉE. MIEUX (OU PIRE !), 31% DES AUTOMOBILISTES DÉCLARENT LIRE LEURS SMS QUAND ILS SONT AU VOLANT.

Bref, outre la gêne que pratique dans le flux une voiture qui roule lentement, oublie ses clignotants, fait des zigzags, freine brusquement avant le feu vert parce que son conducteur a l'esprit occupé par une conversation, il y a surtout un véritable danger.

En effet, alors que les pouvoirs publics estiment que 6% des automobilistes sont en train de téléphoner à un instant T, 10% des accidents corporels sont liés à l'usage du téléphone au volant. Dans ces conditions, une seule chose à faire : raccrocher ! Et vite !

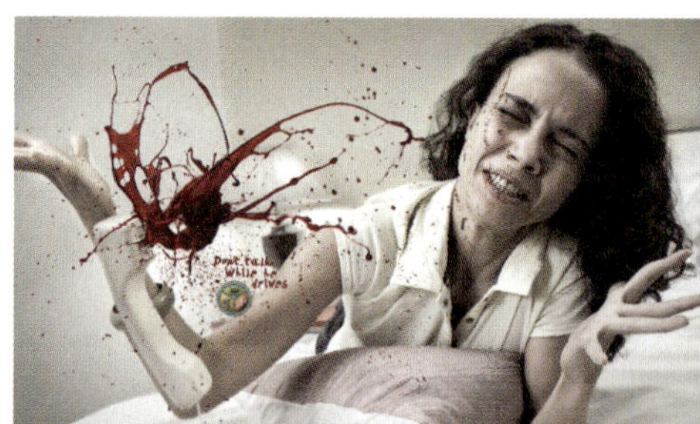

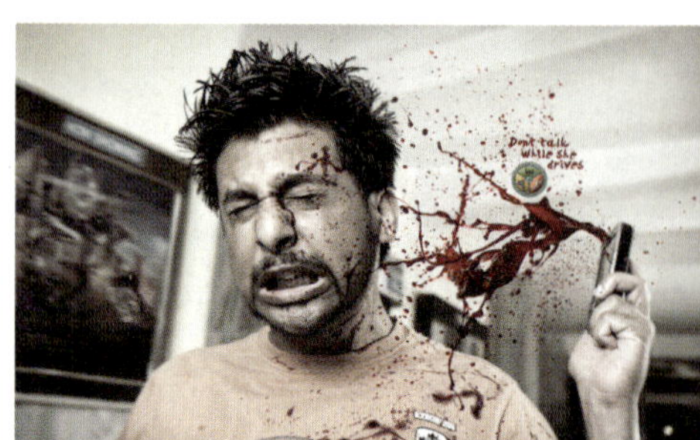

Le téléphone au volant, une véritable plaie. Mais il faut avoir une volonté de fer pour ne pas décrocher quand celui-ci sonne.

À LA TÉLÉVISION, CERTAINS SAVENT CONDUIRE...

ANIMATEURS TV

Christophe Dechavanne fait preuve d'un très bon coup de volant, ainsi qu'en attestent plusieurs victoires face à des concurrents réputés, que ce soit en Coupe Porsche, Supertourisme ou Trophée Andros (courses sur glace).

Christophe Dechavanne a gagné ses galons de pilote de course...

...seul hic, il roule parfois aussi trèèès vite sur la route: record «homologué» à 218 km/h (pour 230 km/h mesurés) le 28 août 2015 au volant de son Audi, ce qui lui vaudra une suspension de permis de 4 mois. «On conduit comme on est dans la vie», dit-il souvent.

Très doué lui aussi, son confrère Alexandre Debanne s'est notamment illustré en Supertourisme, mais un manque de budget ne lui permettra pas d'étoffer son palmarès.
Jean-Pierre Pernaut, star du treize heures, manque rarement une occasion de s'aligner au départ d'une course, notamment sur la glace dans le cadre du Trophée Andros, mais plus pour son plaisir qu'avec de véritables ambitions sportives. ●

A comme...

ANNÉES 80, ANNÉES VITESSE

LES ANNÉES 80 SONT **LES ANNÉES GTI,** ACRONYME DE ***GRAND TOURISME INJECTION.*** VOLKSWAGEN AVAIT CERTES OUVERT LA VOIE AVEC **LA GOLF DÈS 1974,** MAIS IL FAUT ATTENDRE **LA PEUGEOT 205 GTI (1984)** ET **LA RENAULT 5 GT TURBO (1985)** POUR QUE LE PHÉNOMÈNE PRENNE TOUTE SON AMPLEUR EN FRANCE.

À l'époque, l'identification joue à plein avec les monstrueuses Groupe B qui dévorent les spéciales du championnat du monde des rallyes. Dans le même temps, le dérisoire arsenal anti-vitesse permet de traverser le pays à fond de train sans trop de risques pour son permis de conduire (on jettera simplement un voile pudique sur les statistiques de sécurité routière de l'époque). Pour le trentenaire (et les autres), rouler en GTI est tout simplement un *must*. Et tous les constructeurs s'engagent sur le terrain, jusqu'à Citroën qui, avant de lancer sa Visa GTI du porte-avions Clémenceau (Jacques Séguéla disposait de solides appuis à l'Élysée, ce qui facilita les choses), aura commercialisé une CX GTI Turbo dont Grace Jones vantait la vitesse maximale de 220 km/h dans une célèbre publicité réalisée par Jean-Paul Goude.

Les pouvoirs publics français y virent une intolérable apologie de la vitesse, et la campagne fut même interdite en Allemagne, aux Pays-Bas et en Suisse... ce qui eut pour conséquence de lui offrir une résonance médiatique inespérée. D'un point de vue publicitaire, le hold-up était parfait !

La 205 GTI symbolise l'automobile française des années 80, conquérante et pétillante. Début 2016, les anglais l'ont élue meilleure bombinette (*hot hatch*) de tous les temps.

Lancée en 1976, la VW Golf GTI a jeté les bases automobiles des années 80: légèreté, performances, et tarifs contenus. Elle s'est depuis embourgeoisée: 110 ch pour 810 kilos, contre 220 ch pour 1276 kilos aujourd'hui.

Vitesse et performances étaient au cœur de l'association CX / Grace Jones, mise en scène par Jean-Paul Goude. Une campagne «pro-vitesse» qui fera scandale.

Mais revenons à nos moutons (ou plutôt à nos chevaux). Dans les catégories supérieures, essentiellement du côté allemand de la frontière, ça carburait fort également, ainsi que l'illustre le cas des BMW M3 et Mercedes 190 E 2-3 16 dont les carrosseries élargies et les ailerons de coffre indiquaient clairement la vocation sportive.
Au sommet de la chaîne alimentaire, Ferrari créait l'évènement en 1984 avec sa 288 GTO qui, animée par un V8 turbo (cinq lettres magiques), dépassait les 300 km/h. Mais elle sera éclipsée quelques mois plus tard par la spectaculaire Testarossa de 390 ch (et près de 300 km/h), suivie en 1986 par la Porsche 959 (450 ch) et en 1987 par la Ferrari F40 (478 ch, 324 km/h). Toujours plus!

Au-delà de l'automobile, il est intéressant de constater que c'est toute la société qui vouait alors un culte à la vitesse.

La fusée Ariane 1 effectuera 11 lancements, tous réussis, entre 1981 et 1986, marquant ainsi une belle réussite européenne. Quant au TGV, dont le premier service a lieu en septembre 1981, il impressionne avec sa vitesse de pointe de 260 km/h...mais on le savait déjà capable de mieux, puisqu'il avait atteint 380 km/h quelques mois plus tôt avec plusieurs journalistes à bord. Une manière de démontrer sa suprématie technique, en même temps que de rassurer les futurs usagers. En France, encore, le Minitel, qui entre dans les foyers en 1982, préfigure sans le savoir la révolution Internet.
Outre-Atlantique, IBM présente le premier ordinateur personnel en 1981, et se voit rejoint par Apple qui dévoile le premier Macintosh le 24 janvier 1984. Les deux sociétés vont permettre l'essor de l'informatique grand public, et faire basculer le monde du travail dans l'ère moderne. Au cinéma, dans *Top Gun* (1986), Tom Cruise fait rêver aux commandes de son F14-Tomcat, dont le pendant terrestre est la Kawasaki 900 Ninja qu'il conduit à fond (et sans casque !).
Mais en matière de performance pure, c'est le sprinteur Carl Lewis qui marque la décennie : aux Jeux Olympiques de 1984, il remporte la médaille d'or du 100 mètres (rebelote en 1988, après la disqualification de Ben Johnson), du 200 mètres (argent en 1988), du 4x100 mètres et du saut en longueur (idem à cette dernière épreuve en 1988, 1992 et 1996 !). Bref, la vitesse était absolument partout, et surtout fort bien vue à l'époque. Autres temps...

A comme...

ART CARS

AVEC LES ART CARS, BMW A PROBABLEMENT SIGNÉ LA MEILLEURE OPÉRATION DE COMMUNICATION AUTOMOBILE DE TOUS LES TEMPS.

À l'initiative du commissaire-priseur Hervé Poulain, la marque avait engagé à quatre reprises aux 24 Heures du Mans des voitures qui présentaient la particularité d'avoir été repeintes par de grands noms de l'art contemporain : Alexander Calder pour une 3.0 CSL en 1975, Franck Stella pour une autre 3.0 CSL en 1976, Roy Lichtenstein pour une 320 Groupe 5 en 1977, et enfin Andy Warhol, qui mit moins d'une demi-heure à peindre la M1 Groupe 4 alignée en 1979.

La M3 GT2 «Jeff Koons» est considérée comme l'une des plus belles Art Cars. Sportivement, elle ne fera par contre guère d'étincelles: abandon au Mans 2010 après 53 tours, réservoir d'essence à sec.

«Les voitures de course sont comme la vie, elles sont puissantes et débordantes d'énergie. [...] On peut participer à cet élan, l'accentuer, et se laisser transcender par cette énergie. Il y a une telle puissance sous ce capot que je veux laisser mon esprit s'imprégner de la voiture et me connecter à cette puissance.» Jeff Koons, artiste plasticien américain, a signé la 17ème Art car BMW, une M3 GT2 qui a participé aux 24 Heures du Mans 2010. Son numéro de course, le 79, est un clin d'œil à la BMW M1 de 1979 réalisée par Andy Warhol. Laquelle portait le numéro 76 en hommage à la 3.0 CSL Franck Stella, deuxième Art Car de la série, qui a couru au Mans en 1976.

Pour sa M1, Warhol voulait une peinture qui déstructure la carrosserie, donnant l'impression de vitesse même à l'arrêt.

« J'ai essayé de donner une représentation éclatante de la vitesse. Si une voiture est vraiment rapide, ses contours et couleurs se brouillent. [...] J'aime cette voiture. Elle est finalement plus aboutie que l'œuvre d'art. » En 1979, l'artiste américain Andy Warhol (1928-1987), figure centrale du pop art, peint la BMW M1 Group 4 qui va s'aligner aux 24 Heures du Mans. À son volant, Hervé Poulain et ses coéquipiers prendront la sixième place du classement général.

Les voitures étaient conduites par Poulain lui-même (avec d'autres pilotes de renom), qui recevait le soutien du constructeur et bénéficiait de la logistique afférente, et se montrèrent d'excellentes compétitrices, comme en témoignent la victoire de catégorie pour la 320 « Lichtenstein » (la voiture plafonnait pourtant à 244 km/h, soit 100 de moins que les prototypes les plus rapides) et la sixième place au classement général pour la M1 « Warhol ». Quant à la Calder, elle occupait la cinquième place au scratch quand elle dut abandonner en raison d'un problème de transmission. Dans le passionnant ouvrage BMW Art Cars (éd. Hatje Cantz), Hervé Poulain résume le concept de ces sculptures taillées pour la vitesse : « [...] *Il y avait un ordre parfaitement établi, le circuit, sur le pourtour duquel la sculpture habitée buterait, telle une boule de billard multicolore et pensante. Au mouvement se superposait l'intelligence, à la poésie le drame ! Au hasard se substituait la volonté du pilote, à la recherche de l'efficacité chronométrée qui se gagne dans les zones de freinage raccourcies et les trajectoires tendues. À la beauté silencieuse des mobiles née des caprices du vent faisait place la fureur et le fracas des chevaux mécaniques.* »

Mais comme souvent, ce sont certaines petites histoires oubliées qui donnent son sel à une épopée.

Hervé Poulain, qui pilotait des Alpine et des R8 Gordini en rallye, avait d'abord proposé le projet à Renault, qui déclina la proposition (et peut nourrir quelques regrets aujourd'hui!). Sur les conseils de Jean Todt, qui était alors encore navigateur en rallye et possédait déjà un formidable carnet d'adresses, il contacta BMW qui, sous l'impulsion commune du patron de sa branche Motorsport Jochen Neerspach et de son directeur de la communication Horst Avenarius, donna quasi-immédiatement son accord.

Les Allemands avaient compris que l'idée ne comportait que des avantages. À une époque où la compétition automobile commençait (déjà!) à être décriée, c'était un moyen d'attirer l'attention de tous les médias, pas uniquement sportifs, et l'opération allait susciter une véritable sympathie qui bénéficierait à la marque. Si l'on en parle encore quatre décennies plus tard, c'est bien qu'il s'est passé quelque chose d'important!

On notera au passage que les artistes travaillaient surtout par amitié pour Hervé Poulain et n'étaient pas payés. À partir de 1976, BMW mit toutefois des voitures à leur disposition, ainsi qu'à celle de l'étude d'Hervé Poulain, pendant six mois à un an. Une solution plutôt avantageuse pour le constructeur au regard des retombées obtenues.

D'autres artistes furent sollicités, comme Jasper Johns (qui finalement renonça, envoyant à cette occasion un télex à Hervé Poulain pour lui dire qu'il n'avait pas d'idée pour la voiture), James Rosenquist, Sonia Delaunay ou Niki de Saint Phalle. BMW mit fin à l'aventure en 1981, concentrant tous ses efforts sur la Formule 1. Et si le constructeur confia par la suite des voitures à des artistes (on compte 17 Art Cars officielles dont certaines sont de simples voitures de série, au désespoir d'Hervé Poulain qui considère que les modèles de route, privées de la dramaturgie héroïque de la compétition, n'ont aucune histoire à raconter), il faudra attendre 2010 pour revoir une BMW Art Car au Mans, en l'occurrence une M3 GT2 peinte par Jeff Koons. Cette voiture, très appréciée pour son excellence à évoquer la vitesse alors même qu'elle est à l'arrêt, ne brillera hélas guère en course, abandonnant sur sur panne d'essence après 53 tours de piste.
Reste une question : où admirer ces beautés ? La collection est officiellement basée au musée BMW de Munich, mais dans les faits les voitures voyagent, souvent séparément, à travers le monde à longueur d'année au gré d'expositions ou de grands évènements automobiles. Toujours en mouvement, donc... Deux nouvelles Art Cars arrivent en 2017. En l'occurrence des M6 GT3 confiées à Cao Fei et John Baldessari.

La 3.0 CSL «Calder» est la toute première Art Car BMW. Engagée au Mans 1975, elle n'en verra toutefois pas la ligne d'arrivée, pour cause de problème de transmission.

JEAN-PAUL BELMONDO

LE PLUS POPULAIRE DES ACTEURS A UN POINT COMMUN AVEC VOUS, AMI(E) LECTEUR(RICE) : IL ADORE LES VOITURES.

Jean-Paul Belmondo aura malmené de nombreuses Fiat dans ses films. Ici dans *Joyeuses Pâques* (à g.) ou *Le casse*.

De la Mini à l'Aston Martin DB5, en passant les Ferrari 250 GT Tour de France, Maserati Ghibli (que son fils Paul conduisait sur ses genoux), Daimler Dart (qu'il a vendue à Maria Pacôme, et dont le moteur a rendu l'âme juste après...) et autres Dino 246 (liste non exhaustive, loin s'en faut), il a possédé parmi les modèles les plus désirables de l'Histoire. Pour autant, l'un de ses meilleurs souvenirs au volant nous ramène à une Fiat Uno (!), ainsi qu'il l'avait déclaré à une interview à *Car Life* : « *Ma cascade préférée, c'est avec la Uno dans* Joyeuses Pâques. *La voiture doit être à cinq mètres du sol. C'était solide, les Fiat !* » Jamais doublé lors de ses acrobaties automobiles, le comédien est heureux de n'avoir jamais dû interrompre un tournage à la suite d'un accident. Cela aurait pourtant pu arriver dans *Le Magnifique* : « *Je dois sauter d'une voiture et on dit à Jacqueline Bisset qui est au volant : voilà, tu te cales à 50 km/h. On met tout en place, on installe et on cache les cartons dans lesquels je dois sauter, et c'est parti. Un détail que tout le monde avait oublié, c'est que le compteur de la voiture était gradué en miles, donc environ 80 km/h. Tout l'enchaînement était décalé, plus la vitesse. Je me suis cassé la cheville, ce qui explique les béquilles pour la suite du film.* »

Parmi toutes les courses-poursuites auxquelles a pris part le comédien, l'une des plus « Bébel » est celle que l'on voit dans *Le Casse* (Henri Verneuil, 1971).

Soit plus de neuf minutes à fond dans Athènes, avec Jean-Paul Belmondo (en Fiat 124 Special) pris en chasse par Omar Sharif (en Opel Rekord), entre descente d'escaliers, demi-tours sur voie rapide et slaloms entre piétons. Passons sur les performances surnaturelles de la Fiat, avec notamment ce gros plan sur des compteurs laissant croire à une reprise 110-170 km/h en 4 secondes chrono... La poursuite s'achève dans un cul-de-sac, alors que la malheureuse berline italienne perd tous ses liquides sur la chaussée. S'approche alors Sharif : « *Savez-vous à quelle vitesse vous rouliez ? Vous rouliez à 120.* » À quoi Belmondo, toujours cool, répond par un « *Mon pied a dû se coincer sur le champignon, d'habitude je suis un très bon conducteur...* » Inratable !

Parmi les faits d'armes de Paul Belmondo, une victoire au Volant Elf, véritable révélateur de talents.

PAUL BELMONDO REMPORTERA LE TRÈS RELEVÉ VOLANT ELF EN 1982 DEVANT QUELQUES FUTURES POINTURES, ET ÉCUMERA ENSUITE LES PADDOCKS DANS TOUTES LES DISCIPLINES OU PRESQUE, QUE CE SOIT COMME PILOTE (VICTOIRES EN FORMULE RENAULT OU F3) OU PLUS TARD COMME PATRON D'ÉCURIE.

PAUL BELMONDO

Par ailleurs, si son passage en Formule 1 dans de modestes écuries ne lui permettra guère de briller, on se souvient que Michael Schumacher lui-même avait à l'époque fait taire les mauvaises langues d'un définitif : *« S'il est là, c'est qu'il le mérite ! »*. Un pilote « people », certes, mais un pilote professionnel avant tout, à la fois apprécié dans le milieu pour son sérieux et par le grand public pour son accessibilité. À l'automne 2011, il a aussi lancé le bimestriel *Car Life*, magazine haut de gamme sur l'automobile de caractère et les voitures qui vont avec, et dont le slogan est *Gentleman, start your engines*.

BIDES

QU'ELLES SOIENT LAIDES, PERPÉTUELLEMENT EN PANNE, MAL FABRIQUÉES, INCONFORTABLES OU DANGEREUSES (PARFOIS TOUT À LA FOIS), CERTAINES VOITURES RESTERONT INOUBLIABLES… POUR LEURS DÉFAUTS !

De l'abominable Citroën Visa à la dangereuse Ferrari 348, en passant par l'inconduisible Land Rover Defender, l'inutilisable Renault Fluence Z.E. ou la soporifique Peugeot 504 diesel, voici une sélection de trente «chefs d'œuvre» qui nourrissent la légende noire des constructeurs.

LES AFFREUSES

Citroën Visa (1978-1988) *L'HORREUR*

Si l'audace a toujours été l'un des points forts de Citroën, avec des coups de génie qui resteront dans l'histoire de l'automobile, on peut encore se demander ce qui est passé par la tête de la direction quand elle a validé le style de la Visa, l'une des voitures les plus laides des quarante dernières années. Elle sera d'ailleurs boudée par le public (quelle surprise !), ce qui forcera la marque à procéder à un restylage moins de trois ans après sa commercialisation. Mais il était trop tard pour espérer un miracle.

Renault Wind (2010-2014) *L'ERREUR*

Avec la Wind, Renault voulait proposer un roadster à des tarifs accessibles. Hélas, le constructeur a tout gâché en dotant l'auto d'un toit rigide pivotant, au détriment du poids (ce qui est tout de même ennuyeux pour une sportive, surtout avec un faible niveau de puissance) et surtout du style, un comble pour une voiture « coup de cœur ». La sanction du public a été claire : 13 000 exemplaires vendus en quatre ans, quand l'objectif était au minimum de 75 000, voire le double selon les prévisions les plus optimistes. Une mini-catastrophe industrielle pourtant parfaitement prévisible.

Fiat Multipla (1998-2010)

LA FAUTE DE GOÛT

Avec son profil « bec de canard », la première mouture de la Fiat Multipla démarrait sa carrière avec un sacré handicap, qu'un profond restylage ne lui permit jamais de surmonter. Cela est d'autant plus regrettable que l'auto était plutôt réussie, avec ses six places réparties sur deux rangées de trois sièges et son excellent comportement routier. De l'art de se tirer une balle dans le pneu.

Kia Opirus (2003-2010)

LA JAGUAR QUI FAIT PSCHIIIT

En greffant quatre phares ronds à l'Opirus, Kia espérait peut-être que les amateurs de Jaguar se laisseraient tromper... Celle qui restera comme l'une des berlines les plus laides de l'histoire de l'automobile n'aura eu qu'un mérite, celui de permettre l'arrivée d'un vrai designer chez le constructeur coréen (Peter Schreyer, ex-Audi). Il faut parfois toucher le fond pour mieux rebondir.

Ssangyong Rodius (2004-2013)

LE DRAME

Mais quels produits illicites avait donc ingéré l'état-major de Ssangyong quand il a validé le design du Rodius ? Œuvre du designer britannique Ken Greenley (on en a fusillé pour moins que ça), la bête a été élue par de nombreux votes sur Internet comme l'une des plus laides de l'histoire. Plus jamais ça !

Renault Kangoo Be-bop (2009-2012)

COURTE-PATTES

Avec les années, on commençait à s'habituer au design du Renault Kangoo, étroit et haut sur pattes. Et patatras, voici qu'un génie employé par Renault a eu l'idée d'en produire une version à empattement court. Résultat, l'une des voitures les plus mal équilibrées au monde, tant en matière de style que de tenue de route. À oublier d'urgence.

Morgan Aero 8 (2000-2008) *LA VOITURE QUI LOUCHE*

Nous sommes en l'an 2000 et la vénérable maison Morgan, qui n'a plus sorti de vrai nouveauté depuis quarante-cinq ans (!) et la 4/4 Série II, met les petits plats dans les grands pour sa toute nouvelle Aero 8, qu'elle dote d'une coque en aluminium et d'un V8 BMW de 286 ch. Ses performances de feu auraient pu contribuer au succès de cette voiture légère, mais elle présentait hélas un étrange particularisme : elle louchait ! Ce qui se traduira, comme il fallait s'y attendre, par un désastre commercial.

Ford Scorpio II (1994-1998) *L'INUTILE*

Avec son biodesign aux lignes ramollies, qui traduisait une absence totale d'âme et de caractère, la seconde génération de Scorpio ne pouvait espérer grand-chose face aux BMW Série 5 ou Mercedes Classe E qu'elle était censée concurrencer. Inutile de s'appesantir sur les ventes de l'engin, qui ne vivra d'ailleurs que quatre ans.

Renault Vel Satis (2002-2009) *LA CHOSE*

Non que l'on s'acharne ici sur Renault, mais force est de constater que le Losange s'est montré assez prolifique côté laiderons. En témoigne le cas de la Vel Satis qui montre qu'une idée de départ intelligente - s'attaquer aux routières allemandes en s'en différenciant, plutôt que d'en proposer une pâle copie - peut donner un résultat assez déplorable. Haute, trop étroite, pas passionnante à conduire (quoique confortable, certes), la Vel Satis ne séduira guère au-delà des ministères et de quelques défenseurs de causes perdues. « *The thing from Renault* », comme l'avait écrit un journal britannique, sera un échec flamboyant avec 62 000 exemplaires construits, soit cinq fois moins que la Safrane et douze fois moins que la R25 auxquelles elle succédait. On retiendra que juste avant la Vel Satis, Renault avait commercialisé l'étonnante (et fort plaisante) Avantime, qui elle aussi avait connu l'échec. De quoi doucher durablement les ambitions du constructeur dans le haut de gamme.

Pontiac Aztek (2000-2005) LA VOITURE QUI FAIT PEUR AUX ENFANTS

Il fallait une bonne dose d'humour (ou d'inconscience) aux dirigeants de Pontiac pour commercialiser l'Aztek, qu'un sondage du *Daily Telegraph* placera au premier rang des cent voitures les plus vilaines de l'histoire. Il faut dire que quel que soit l'angle sous lequel on la considérait, la bête semblait n'avoir été conçue que dans un seul but : faire peur aux enfants ! L'échec de l'auto contribuera à précipiter la fin de la marque, en 2010. Bel exploit.

LES CARNES

Ferrari 348 (1989-1995) JOLIE MAIS RATÉE

Même Ferrari n'a pas produit que des chefs d'œuvre. En témoigne le cas de la 348, jolie voiture au demeurant, qu'un manque de rigidité et un caractère dangereux quand on en approchait les limites rendait particulièrement difficile à conduire. S'ajoute à cela une qualité de fabrication bien légère en regard du prestige de la marque. Bien boiteux, le Cavallino d'alors.

Daihatsu Terios (1997-2006) LA SAVONNETTE

Plutôt mignon, ce mini 4x4 japonais n'avait qu'un seul défaut : il perdait tous ses moyens au moindre virage ! Au test de l'évitement, il menaçait de partir en tonneau à chaque instant. Une voiture à cantonner au tout-terrain, donc. Ou, mieux : à laisser au parking.

Porsche 550 Spyder ATTRACTION FATALE

Cette petite merveille de style souffrait aussi d'une tenue de route délicate et, en cas de tonneaux, c'est la tête de ses passagers qui faisait office d'arceau de sécurité. James Dean trouva d'ailleurs la mort au volant de sa 550 Spyder, qu'il avait baptisée « *Little Bastard* ». Prémonitoire ?

Renault 8 Gordini (1964-1970) *LE PIÈGE*

Avec son moteur installé en porte-à-faux arrière, la Gordini était considérée comme le meilleur outil d'apprentissage pour aspirant-pilote. Mais pour qui ne maîtrisait pas l'art du contre-braquage, elle s'avérait aussi et surtout être un redoutable piège.

Lamborghini Miura (1966-1973) *L'AUTODESTRUCTRICE*

L'une des sportives mythiques du XXe siècle est aussi l'une des plus mauvaises voitures ayant jamais existé, en raison d'une mise au point bâclée. Son instabilité chronique à partir de 200 km/h (alors que la marque annonçait plus de 280 km/h en pointe), son inconfort, sa mauvaise insonorisation et son inquiétante propension à prendre feu transforment chaque trajet en chemin de croix. Johnny Hallyday, pour ne citer que lui, manquera perdre la vie au volant de la sienne sur une route des Pyrénées. Toutefois, cette tendance à l'autodestruction aura aussi contribué à la rareté de l'auto, avec pour corollaire une cote qui atteint des sommets : la Miura est aujourd'hui l'une des voitures les plus chères au monde. Il faut dire qu'elle est belle...

Range Rover II (1994-2001) *UN ÉLÉPHANT DANS UN JEU DE QUILLES*

Malgré ses grands airs, le Range Rover adore les bains de boue. Le problème avec le modèle de seconde génération, c'est qu'il se montrait nettement moins à l'aise sur la route. Du fait de suspensions trop souples et d'un centre de gravité haut perché, ses prises de roulis étaient spectaculaires, et il en résultait une dangereuse propension au retournement. En d'autres termes, *Keep calm and drive slowly*.

LES PÉNIBLES

Suzuki Samurai (1988-2003) *SADO-MASO*

Certes, le gabarit compact et l'agilité du Samurai faisaient merveille en tout-terrain. Mais l'auto restera surtout comme l'une des moins confortables de tous les temps : ici, ce sont vos vertèbres qui font office d'amortisseurs. À quoi s'ajoutent une finition indigente, une insonorisation déplorable, et des performances anémiques. Une véritable punition sur roues ! ●

Land Rover Defender (1948-2016) *SÉVICE MILITAIRE*

Ah, le Defender ! Son style inimitable, son côté rustico-chic, le délicieux fumet d'aventure qui s'en dégage... Depuis son apparition en 1948, l'auto a eu largement le temps de forger sa légende, nourrie par la diaspora de « Land » en circulation dans les contrées les moins hospitalières du globe. Seulement voilà, le problème réside justement dans le fait que le Defender est né en 1948. S'il a su se moderniser (la version actuelle date de 1983), se dotant de mécaniques et d'équipements à la page ou presque — manquent encore les airbags... —, il n'en conserve pas moins sa rugosité originelle qui fait qu'à moins d'être garde-forestier ou légionnaire dans l'exercice de ses fonctions, on voit mal qui peut bien s'accommoder d'un engin pareil aujourd'hui dans nos contrées. D'autres 4x4 se montrent tout aussi capables hors bitume, tout en assurant des prestations routières dignes de ce nom. ●

Volvo 240 (1974-1993) *L'AUTO-BUS*

Étrange, ce retour en grâce de la Volvo 240 observé ces dernières années : pas franchement belle, étriquée au niveau des coudes, moyennement confortable, gloutonne en carburant et (surtout) terriblement lente, elle cumule de nombreux défauts... dont ses très nombreux défenseurs sauront vous convaincre qu'il s'agit de qualités. ●

Ferrari Mondial 8 (1980-1982)
LE VEAU

214 ch, 219 km/h en pointe et 29,3 secondes pour le kilomètre départ arrêté : ces valeurs, qui pourraient faire la fierté d'une familiale diesel, correspondent hélas aussi à la Mondial 8, la Ferrari la moins performante de l'ère moderne. Son seul intérêt ? Une cote ultra basse (environ 20 000 € pour un bel exemplaire), qui permet d'accéder au mythe du Cavallino sans se ruiner. Seul conseil si vous craquez : évitez de lutter quand une 208 GTI se présentera dans vos rétroviseurs. ●

Peugeot 504 diesel (1968-83)
LA TORTUE QUI FUME

La 504 est l'archétype de la berline familiale des années 70. Mais il fallait impérativement la choisir avec une motorisation essence, car à l'époque Peugeot n'était pas vraiment un champion du diesel : avec 50 ch sous le capot, la route des vacances semblait longue, très longue... ●

Citroën BX (1982-1994) *LEÇON DE NON-SÉDUCTION*

Si la DS symbolise l'âge d'or de Citroën, la BX en représente assurément l'âge de plomb. Moche, fabriquée à l'économie et très moyennement fiable, elle réussit la prouesse de concentrer presque toutes les tares de l'automobile française. Ses défauts ne l'empêcheront pas de bien se vendre, toutefois. Reste qu'on voit mal comment l'auto pourrait devenir un jour digne d'intérêt pour les collectionneurs. Ou alors dans très longtemps... ●

Renault Fluence Z.E. (2012-2014)
ZÉRO ÉMISSION, MAIS SURTOUT ZÉRO INTÉRÊT

À l'automne 2009, Renault lançait une grande offensive dans le secteur de l'électrique. Deux ans plus tard était commercialisée la Fluence Z.E. (pour Zéro Émissions), qui allait se révéler comme la voiture la plus hors-sujet de l'histoire. Alors que la ville aurait dû être son terrain de prédilection, la Fluence Z.E. s'y montrait quasi-inutilisable en raison de ses 4,75 m. de long. Las, elle était tout aussi inapte à prendre la route. Son autonomie réelle maximale dépassant à peine les 100 km après 6 à 8 heures de charge, cela signifiait que pour relier Paris à Marseille à son volant, il fallait prévoir... 48 heures ! Renault avait donc réussi l'exploit d'inventer l'auto-non-mobile. Il s'en vendra 18 exemplaires en France en 2013. ●

LES « TOUT À LA FOIS »

Alfa Romeo Arna (1983-1987) LA CATA

Guère en forme dans les années 80, Alfa Romeo cherche une solution économique pour s'installer sur le marché des berlines compactes. Il s'allie alors à Nissan pour un résultat qui aurait pu cumuler le meilleur des deux mondes : le style italien et la qualité japonaise. Seulement voilà, c'est exactement l'inverse qui se produira, avec une voiture triste à mourir (une Nissan Sunny rebadgée Alfa) et à la fiabilité aléatoire, fabrication italienne oblige. *Che vergogna !*

Austin Metro (1980-1990) M… IN ENGLAND

Conçue dans les années noires de l'automobile britannique, l'Austin Metro devait remplacer la Mini. Contrairement à sa devancière, elle souffrait d'un style des plus insipides. Contrairement à sa devancière (bis), elle se montrait fort ennuyeuse à conduire. Mais à l'image de sa devancière (ter), elle faisait preuve d'un effroyable manque de fiabilité. Elle poursuivra malgré tout sa carrière jusqu'en 1998 sous le badge Rover, totalisant malgré (ou grâce à… ?) ses innombrables défauts un peu plus de 2 millions d'exemplaires vendus. Elle est aussi la voiture la moins sûre jamais testée par l'organisme Euro NCAP.

Citroën Axel (1984-1990) ZÉRO POINTÉ

Parce qu'elle était fabriquée en Roumanie selon des standards de qualité moyenâgeux, parce que la décision de la commercialiser dans l'Hexagone a été prise près de dix ans après sa conception, et parce qu'elle était franchement laide, la Citroën Axel peut être considérée comme la pire voiture française de tous les temps. Néanmoins, toutes les erreurs commises avec cette voiture *low-cost* auront au moins servi à Renault, qui réalisera un quasi sans-faute avec la Dacia Logan vingt ans plus tard.

Lada Samara (1984-1997) LA ROULOTTE RUSSE

On vous épargnera ici toute mauvaise blague sur les Lada, même si chacune de celles que vous trouverez sur Internet pourrait s'appliquer à la Samara, berline compacte commercialisée durant les années 80-90. À son passif, un style pour le moins incertain, une finition indigente, des performances mollassonnes et une fiabilité déplorable, ce qui commence à faire beaucoup pour une seule voiture, laquelle semble avoir été inventé le concept d' « occasion neuve ».

Toyota Prius 1 (1997-2003) *ÉLECTRO-MOCHE*

Il fallait avoir un sacré flair pour déceler chez la première Toyota Prius les prémices d'une petite révolution automobile. Laide, lente et chère, la petite berline à motorisation essence/électricité avait de quoi faire fuir le plus écolo des automobilistes. Deux générations et trois millions d'exemplaires vendus plus tard, la gamme hybride Toyota a toutefois largement trouvé son public. ●

Mini (1959-2000) *LE GOÛT DE LA PANNE*

En matière d'automobile il y a deux façons de voir les choses. La première consiste à rouler pour le plaisir de rouler, quand la seconde, majoritaire, consiste à rouler dans le but d'arriver à destination sans connaître le coup de la panne. La légendaire Mini ne saurait hélas prétendre appartenir à la seconde catégorie, mais compense il est vrai par un réel agrément de conduite... sur la route du garage ! ●

Trabant 601 (1963-1990) *DROIT DANS LE MUR*

Un jour, un humoriste a eu ce mot au sujet des dirigeants communistes de l'ex-RDA: « *Quand on pense qu'ils ont eu dix-sept millions d'allemands à disposition pendant quarante ans, et qu'ils n'ont su produire que des Trabant...* ». Tout est dit ou presque de cette voiture devenue culte malgré elle qui, livrée dix à quinze ans après que l'on en ait passé commande, mettait 21 secondes pour accélérer de 0 à 100 km/h dans un panache de fumée bleue caractéristique des moteurs deux-temps, pour atteindre péniblement 110 km/h, dans des conditions de sécurité plus que douteuses : freinage timide, tenue de cap aléatoire, et direction à la précision « nautique ». Malgré cela, l'auto s'offrira le luxe de réussir le test de l'élan qui fut fatal à la Mercedes Classe A en 1997.... Et l'auteur de ces lignes, qui a eu l'occasion d'en conduire un exemplaire dans Paris, peut témoigner de l'incroyable capital de sympathie suscité par l'engin. Pure compassion, peut-être ? ●

UN MÉTIER À RISQUES ET/OU UN CONTEXTE SOCIO-POLITIQUE AGITÉ PEUVENT ORIENTER CERTAINS CLIENTS VERS **LE CHOIX DE VÉHICULES BLINDÉS,** APTES À RÉSISTER À DES TIRS DE MITRAILLETTE OU À DES JETS DE GRENADES, FACE AUXQUELS UN PARE-BRISE FEUILLETÉ OU DES AIRBAGS RISQUERAIENT DE PARAÎTRE **UN BRIN LÉGERS...**

BLINDAGE

À cette fin, de nombreux constructeurs automobiles (de Mercedes à Toyota, en passant par BMW, Peugeot, Jaguar ou Land Rover) ont développé un service de « commandes spéciales ».

Si certains produisent en interne, comme les marques allemandes précitées, d'autres font appel à des sous-traitants très hautement qualifiés, à l'image de Centigon France, à Lamballe (22), entreprise aussi réputée que discrète, qui avait ouvert ses portes à votre serviteur pour un reportage publié dans *Automobiles Classiques*.

Les véhicules blindés bénéficient d'une « armure » quasi-indécelable à l'œil nu. Leurs vitrages se composent de plusieurs épaisseurs de verre entre lesquelles s'intègrent du plastique et du polycarbonate, à quoi s'ajoutent des pneus renforcés permettant le roulage à plat, un plancher mêlant acier et kevlar (contre les explosifs), tandis que des freins renforcés type compétition remplacent ceux d'origine, surpoids oblige (400 kilos en moyenne sur une berline pour le niveau de protection B4+). De plus, une attention particulière est portée aux points névralgiques que constituent le réservoir d'essence (auto-obstruant), le circuit de freinage, les calculateurs électroniques et la batterie. Peuvent être installés un dispositif anti-incendie intégré, un système

Extérieurement, peu de différences entre une voiture blindée et un modèle normal. Selon le niveau de protection fourni, la première coûte pourtant près de deux fois le prix de la seconde.

d'alimentation en oxygène (attaque au gaz) ou, pour qui souhaite avoir la possibilité de riposter, des meurtrières pratiquées dans les portières... Notez que les airbags sont désactivés une fois pour toutes sur les véhicules blindés, car même en cas de percussion, ceux-ci doivent rester aussi manœuvrables que possible pour s'éloigner de la zone de danger.

Différents niveaux de blindage sont homologués au niveau Européen, classés de B1 à B7 (le plus élaboré).

L'un des plus répandus, le B4, résiste aux balles de Uzi ou de 44 Magnum, voire de fusil d'assaut type AK-47 (niveau B4+). Avec ses vitres épaissies et ses divers renforts de carrosserie, il entraîne un surpoids d'environ 400 kilos et entraîne un surcoût moyen de 70 000 €.

Dans des zones à hauts risques, il est recommandé d'opter pour les niveaux de protection B6 et B7, qui peuvent résister à des attaques à l'arme de guerre ou des explosions de grenades. Seul inconvénient, une surcharge qui peut grimper à 1,5 tonne et une facture alourdie de 120 à 150 000 € par rapport à un modèle « de base ». Le prix d'une – relative – tranquillité... ●

Dans *Life*, son autobiographie, Keith Richards résume ainsi sa Bentley: «*Trois tonnes de mécanique. Une voiture faite pour rouler vite, la nuit.*»

BLUE LENA

AUTOMOBILE ET ROCK'N'ROLL FONT PAR DÉFINITION BON MÉNAGE, ET CERTAINES VOITURES SONT ENTRÉES DANS LA LÉGENDE GRÂCE À LEURS CÉLÈBRES PROPRIÉTAIRES.

Tel est le cas de Blue Lena, la Bentley S3 Continental Flying Spur 1966 de Keith Richards, guitariste des Rolling Stones. Ce surnom fait référence à Lena Horne, chanteuse de jazz américaine et militante des droits civiques.

Outre les raffinements propres aux limousines de luxe de l'époque, l'auto disposait d'un équipement spécifique, à savoir un compartiment secret afin de cacher de la drogue. En mars 1967, alors qu'il se trouve à Paris, en attente d'un procès en Angleterre pour possession et usage de drogue impliquant aussi Mick Jagger, il décide de partir pour le Maroc, accompagné de Brian Jones (co-fondateur des Stones), l'actrice et mannequin Anita Pallenberg, petite amie de Jones avec lequel elle entretient des relations notoirement difficiles et violentes, et une amie. Au volant de Blue Lena, Tom Keylock, que Richards présente comme un dur-à-cuire londonien, ancien militaire. Le but du voyage est simple : trouver un endroit où se défoncer sans avoir maille à partir avec les autorités. Et Tanger, à l'époque, était idéal pour ça. L'équipe quitte Paris, Richards prenant place sur le siège passager et jouant le DJ en insérant des 45 tours, notamment de la Motown, dans le mange-disques Philips de la voiture.
Seulement voilà, c'est un voyage mouvementé qui attendra la petite troupe, que Jones quittera à Toulouse (où lui sera diagnostiquée une pneumonie entraînant une hospitalisation de plusieurs jours), au grand soulagement de tout le monde tant l'homme se montrait mauvais compagnon.

À Barcelone, Blue Lena sera ainsi vandalisée en pleine nuit, peut-être en raison du drapeau du Vatican qu'elle arborait (Richards adorait installer différentes sortes de drapeaux sur la voiture).

Le lendemain, sur la route entre Barcelone et Valence, Anita prendra l'initiative d'un rapprochement avec Richards à l'arrière de la Bentley, début d'une grande passion clandestine. Jones, à peu près rétabli, rejoindra l'équipe quelques semaines plus tard au Maroc, y poursuivant sa relation destructrice avec Anita Pallenberg. Jusqu'à ce que Keith Richards, inquiet pour la femme qu'il aime, organise leur fuite en pleine nuit, quittant Marrakech pour Londres avec Keylock au volant. Keith Richards et Anita Pallenberg auront trois enfants ensemble. Le malheureux Brian Jones sera retrouvé mort dans sa piscine une nuit de juillet 1969, quelques semaines après son éviction des Rolling Stones. Par la suite, Keith Richards gardera sa Bentley à l'abri dans un garage londonien – *«Elle est toujours là, prête à partir. Ready to rock!»*, disait-il en 2013 – avant finalement de la vendre aux enchères. En septembre 2015, celle-ci changera de mains contre 981 000 €.

BONS MOTS

LOIN DE LA COMMUNICATION FORMATÉE QUI CARACTÉRISE TROP SOUVENT L'AUTOMOBILE ET SON UNIVERS, LES CITATIONS D'ÉCRIVAINS, ARTISTES, INTELLECTUELS ET INDUSTRIELS NOUS EN LIVRENT UNE VISION SOUVENT PASSIONNÉE, PARFOIS TRÈS DÉTACHÉE, MAIS TOUJOURS PIQUANTE. FLORILÈGE.

LE BON CHEVAL

« Si j'avais demandé à mes clients ce qu'ils voulaient, ils auraient répondu "un cheval plus rapide", et pas une voiture. »

Henry Ford (c'était l'une des citations favorites de Steve Jobs, patron-fondateur d'Apple)

NOIR, C'EST NOIR

« Vous pouvez choisir n'importe quelle couleur pour la Ford T, du moment que c'est noir. »

Henry Ford (le noir avait été choisi parce que cette couleur présentait l'avantage de coûter moins cher et de sécher plus vite, ce qui faisait gagner du temps à la fabrication)

DENTELLE D'ACIER

« L'automobile, c'est le seul métier pris entre l'industrie lourde et la haute couture. »

Jacques Calvet, ancien patron de PSA Peugeot Citroën

ANTI-DEUCHE

« Nous voulons stigmatiser le sabotage infâme de la circulation auquel se livrent, en toute impunité, les fabricants d'un appareil dénommé couramment 2CV et que l'on tolère en ville à la suite d'on ne sait quelles honteuses tractations. [...] Et si l'on réfléchit, on va s'apercevoir qu'il y a pire : à Paris, on est toujours derrière une 2CV. [...] Ceci justifierait amplement l'interdiction des 2CV pour la circulation urbaine. »

Boris Vian, écrivain entre autres activités (1920-1959), in *Pour mieux rouler* (1957)

GRAND AIR

« Un type qui achète un cabriolet, c'est qu'il trompe sa femme. »

Jacques Séguéla

FREINE-TARD

« Un conducteur fait beaucoup plus montre de son art par l'économie que par la débauche de coups de frein qui sont, en somme, à la portée de tous les pieds. »

Louis Baudry de Saunier
in *L'art de bien conduire une automobile* (1906)(ré-éd. Maxtor)

BÊTE MAGIQUE

« C'est pour cela que j'aime mon automobile. Elle fait partie désormais de ma vie ; elle est ma vie, ma vie artistique et spirituelle, autant et plus que ma maison. Elle est pleine de richesses, sans cesse renouvelées, qui ne coûtent rien que la joie de les prendre au passage, ici, là, partout où m'entraînent la fantaisie de voir et le désir d'étudier. J'y sens vivre les choses et les êtres avec une activité intense, en un relief prodigieux, que la vitesse accuse, bien loin de l'effacer. Elle m'est plus chère, plus utile, plus remplie d'enseignements que ma bibliothèque, où les livres fermés dorment sur leurs rayons, que mes tableaux, qui, maintenant, mettent de la mort sur les murs, tout autour de moi, avec la fixité de leurs ciels, de leurs arbres, de leurs eaux, de leurs figures… Dans mon automobile, j'ai tout cela, plus que tout cela, car tout cela est remuant, grouillant, passant, changeant, vertigineux, illimité, infini. J'entrevois, sans en être troublé, la dispersion de mes livres, de mes tableaux, de mes objets d'art ; je ne puis me faire à l'idée qu'un jour je ne possèderai plus cette bête magique, cette fabuleuse licorne qui m'emporte, sans secousses, le cerveau plus libre, l'œil plus aigu, à travers les beautés de la nature, les diversités de la vie et les conflits de l'humanité. »

Octave Mirbeau, écrivain, journaliste et critique d'art (1848-1917),
in *La 628-E8* (1907)

BIEN VU

« Trop vite, l'auto. Tant de jolis paysages où l'on ne s'arrête pas ! On laisse des regrets partout. »

Jules Renard (1864-1910), in *Journal* (1887-1910)

ORAGE MÉCANIQUE

« Nous déclarons que la splendeur du monde s'est enrichie d'une beauté nouvelle: la beauté de la vitesse. Une automobile de course avec son coffre orné de gros tuyaux tels des serpents à l'haleine explosive... une automobile rugissante, qui a l'air de courir sur de la mitraille, est plus belle que la Victoire de Samothrace. »

Filippo Tommaso Marinetti, *Manifeste des Futuristes* (1909)

SANS AVENIR

« Dangereuse, puante, inconfortable, ridicule assurément, vouée à l'oubli rapide, telle est la voiture automobile qu'en Allemagne MM. Benz et Daimler viennent de présenter au Kaiser Guillaume.»

Georges Clémenceau, 1882, in La Justice

À TOUTE VITESSE

« *Elle* [la vitesse] *aplatit les platanes au long des routes, elle allonge et distord les lettres lumineuses des postes à essence, la nuit, elle bâillonne les cris des pneus devenus muets d'attention tout à coup, elle décoiffe aussi les chagrins: on a beau être fou d'amour, en vain, on l'est moins à 200 à l'heure.»*

Françoise Sagan, écrivain (1935-2004) in *Avec mon meilleur souvenir* (1984)

BONNES MANIÈRES

[De l'art d'être un bon invité en automobile] *« Il est de bon ton pour un invité de faire preuve d'une certaine bienveillance pour apprécier le fonctionnement du moteur et la vitesse de la machine. Cette affirmation : nous marchons à soixante-cinq ne doit jamais être accueillie que par la réponse Au moins. »*

Il est de mauvais goût à ce moment de tirer un chronomètre de sa poche. Il est reconnu que les chronomètres, dans les appréciations de vitesse qu'ils prétendent nous fournir, sont d'une modération tout à fait inexacte.
Le maître de la voiture vous demande avec un air d'indifférence mal joué : Trouvez-vous que je conduise bien ?, répondez : Oui, mais vous avez un défaut...vous êtes un peu téméraire », même si le chauffeur a l'habitude de freiner dès qu'il aperçoit une poule. »

Tristan Bernard, in « La vie automobile » (1904)

PLAISIR COUPABLE

« Les caresses que prodigue la vulgarité sont exquises. Arriver chez des amis, à la campagne, en été (à Paris et en hiver, nul ne voit les voitures), fortifié de cuir sombre, de ronce de noyer et du prestige d'une marque légendaire, ce n'est pas très élégant mais quel régal ! Pourquoi passer sous silence nos vilains sentiments ? Par exemple, la satisfaction que l'on éprouve à claquer avec négligence la portière d'une Rover de bonne coupe se trouve décuplée si l'ami avec qui l'on a rendez-vous débarque, lui, d'une Citroën pisseuse et bosselée. Ce n'est pas tout de posséder un beau monstre, encore faut-il que les autres en soient privés. Que les purs esprits me jettent la première pierre.»

François Nourissier (écrivain, 1927-2011), in *Autos Graphie* (1990, éd. Albin Michel)

INDICE DE DÉVELOPPEMENT

« Un concours singulier de conditions fait qu'en ce milieu du XXe siècle l'industrie automobile prend, plus que tout autre peut-être, valeur d'exemple et d'indice. Déjà sa présence ou son absence, dans une économie nationale, nous disent à quel niveau de puissance et de généralité cette économie se tient. Un pays où l'on ne fait point de voitures peut avoir diverses prospérités et supériorités. Mais il n'appartient certainement pas, au moins dans l'ordre temporel, à la toute première catégorie. »

Jules Romains, écrivain et Académicien (1885-1972), préface à *L'Automobile de France* (1951)

GRANDE ŒUVRE

« Je crois que l'automobile est aujourd'hui l'équivalent assez exact des grandes cathédrales gothiques : je veux dire une grande création d'époque, conçue passionnément par des artistes inconnus, consommée dans son image, sinon dans son usage, par un peuple entier qui s'approprie en elle un objet parfaitement magique. »

Roland Barthes, penseur et sémiologue (1915-1980), in *Mythologies* (1970)

AMERICAN POWER

« L'automobile est la plus grande et la plus récente entreprise de conquête qu'aient tenté les États-Unis. New York en est le port de base. Détroit a décidé depuis cinq ans que l'univers roulerait dans des voitures américaines comme, déjà, les joues de tous les hommes sont grattées par le rasoir mécanique américain ; aucun tarif de douane n'empêchera ça. Par l'estuaire de l'Hudson, l'automobile américaine se répand dans le monde, instrument d'évasion, outil de vitesse, qui après avoir libéré les États-Unis, brise le puritanisme, volatilise l'épargne, démolit la famille, tourne la loi, mène la terre vers les catastrophes et les belles aventures. »

Paul Morand, écrivain et académicien (1888-1976), in *New York* (1930)

AUTOPHILIE

« Les hommes mettent dans leur voiture autant d'amour-propre que d'essence.»

Pierre Daninos, écrivain et humoriste, (1913-2005), in *Vacances à tous prix* (1958)

AUTO-PSY

« La voiture est la grande soupape de sûreté des frustrations sociales de notre époque. »

Georges Mandel, parlementaire (1885-1944)

LAME DE FOND

« On croit fabriquer des automobiles, on fabrique une société. »

Bernard Charbonneau *in L'hommauto* (1967)

B comme...

FLAVIO BRIATORE

FLAVIO BRIATORE EST L'UN DE CES PERSONNAGES-CLÉS DE LA F1 DES ANNÉES 90 ET 2000 : **CHARISMATIQUE, CHARMEUR, NOCEUR, MAIS AUSSI ET SURTOUT UN COMPÉTITEUR, UN GAGNEUR**, PRÊT À EMPLOYER LES MOYENS LES PLUS CONTESTABLES SI CELA POUVAIT LUI ASSURER LA VICTOIRE.

Il sera ainsi radié des paddocks pour avoir incité l'un de ses pilotes, Nelson Piquet Jr., à se crasher durant le GP de Singapour 2008 pour provoquer l'intervention du safety-car et favoriser ainsi son coéquipier Fernando Alonso. Il nous livre ici – de façon totalement fictive, précisons-le – sa vision des choses. La F1 justifie les moyens, tout simplement.

« Après le scandale de l'accident truqué au Grand Prix de Singapour 2008, qui m'a valu une exclusion à vie du F1 Circus, me voici en bien pâle position. Moi, Flavio le magnifique, je me vois relégué au rang de petit filou du sport, au niveau des Ben Johnson, Tonya Harding et autres Bernard Tapie. J'estime pour ma part qu'il faut savoir forcer le destin. Sans la Main de Dieu qui a guidé le ballon de Maradona dans les cages anglaises, l'Argentine aurait-elle remporté la Coupe du monde de football en 1986 ?
On m'a reproché de ne rien entendre à la Formule 1, mais n'est-ce pas moi qui ai découvert et mis en orbite Michael Schumacher ? Quant à Fernando Alonso, n'est-ce pas sous ma coupe qu'il est devenu double champion du monde avec Renault ? Hors circuits, l'on m'accuse aussi de mal me conduire avec les femmes. Mais si je n'avais pas planté là Heidi Klum alors qu'elle était enceinte de notre fille, jamais elle n'aurait rencontré le chanteur Seal. S'ils ont formé pendant des années l'un des plus beaux couples du showbiz, c'est donc aussi grâce à Bibi !

Les patrons de la F1 ? D'authentiques pères-la-vertu, comme chacun sait. À commencer par l'ancien big boss, l'éminent Max Mosley dont le monde entier connaît désormais le goût pour les orgies sado-maso aux relents nazis. Quant au facétieux Bernie Ecclestone, il n'a jamais formellement nié avoir participé à la fameuse attaque du train postal en 1963. Du côté de mes collègues, j'ai une pensée – forcément – amicale pour l'exemplaire et si rigoureux Ron Dennis, Commandeur de l'ordre de l'Empire britannique, et dont l'écurie McLaren avait été condamnée à 100 millions de dollars d'amende en 2007 pour espionnage au détriment de Ferrari.

Le point commun de ces trois hommes ? Ils se sont hissés au sommet dans leur domaine, ils sont des winners, craints et respectés comme tels en dépit d'une moralité aux contours flous. Seul le résultat compte, finalement… Second place is the first loser, *comme dirait ce cher Lance Armstrong. Au scepticisme vis-à-vis de la F1 affiché par mon ex-boss Carlos Ghosn, il me fallait bien opposer des victoires. Et ceci à tout prix, faute de quoi je pouvais dire adieu aux paddocks pour retourner vendre des pulls Benetton.*

Cela n'excuse pas toutes mes erreurs, dont la première est probablement d'avoir engagé le terne Nelson Piquet Jr. – que je n'ai tout de même pas menacé avec un revolver pour qu'il file droit dans le mur –, mais leur apporte un éclairage supplémentaire. Nous vivons dans un monde où la performance maximale doit être la norme, et aux tricheurs le sponsor reconnaissant ! La F1 c'est le show, c'est le fun, ça va vite, il y a parfois de la casse et ça fait partie du spectacle. Je laisse les moralisateurs à leurs désormais tristes dimanches de Grand Prix, et me console aux commandes de mon yacht amarré en Sardaigne.

Entre le champagne des podiums et une soirée mousse dans ma discothèque ce Billionnaire, je sais maintenant où puiser l'élixir de mon éternelle jeunesse. »

CARLA BRUNI-SARKOZY

LA PUBLICITÉ AUTOMOBILE AURA CONSOMMÉ NOMBRE DE STARS. ET NOTAMMENT CARLA BRUNI, QUI EN 1999 « ROULAIT » POUR SUZUKI (CERTAINS JOURNALISTES MALICIEUX L'ONT D'AILLEURS DEPUIS SURNOMMÉE CARLA BRUNI-SUZUKI...).

Elle avait notamment prêté son image à la citadine Wagon R, sorte de mini-monospace monté sur roulettes et aux lignes fort mal proportionnées, dans un spot à la fin duquel elle vantait les mérites de cette « *Suzuki qui ne ressemble qu'à vous* ». Ce qui, tout bien considéré, n'était guère flatteur pour les clients potentiels. ●

Moment de gloire pour Claude Hugot, alors patron de la communication de Suzuki France et qui deviendra quelques années plus tard Directeur des relations publiques de Renault.

Pratique, malin, et pas bling-bling pour un sou : le Wagon R avait (presque) tout pour plaire à la future Première dame.

BUGATTI VEYRON

LA BUGATTI VEYRON, DONT LA PRODUCTION A CESSÉ DÉBUT 2015, **MÉRITE ICI UN COUP DE PROJECTEUR TANT SES CARACTÉRISTIQUES SONT EXTRAVAGANTES,** VOIRE « FARFELUES », POUR REPRENDRE LE TERME EMPLOYÉ PAR L'ANCIEN PATRON DE RENAULT LOUIS SCHWEITZER (ET « PÈRE » DE LA DACIA LOGAN, LA VOITURE QUI REPRÉSENTE L'EXACTE ANTITHÈSE DE LA VEYRON).

Dans sa dernière déclinaison 16.4 Grand Sport Vitesse, l'auto dispose de 1200 ch délivrés par un bloc W16 quadruplement turbocompressé. Ainsi parée, la Française – la marque appartient à Volkswagen, mais la voiture est assemblée en Alsace, où la marque est née – passe de 0 à 100 km/h en 2,5 s et peut atteindre 410 km/h si l'on active la clé de débridage. À cette vitesse, la durée de vie des pneus Michelin

La Bugatti Veyron est la voiture la plus folle du début XXIe siècle.

20 pouces spécifiques (5000 € pièce) est de 15 minutes. Ce qui n'est pas très gênant, dans la (dé)mesure où le plein d'essence part en fumée en 3 minutes de moins. En temps normal, l'auto est bridée à 375 km/h, sa consommation moyenne s'établit à 23,1 l/100 km, et ses émissions de CO^2 à 539 g/km.
450 exemplaires de la Veyron ont été produits (300 coupés et 150 roadsters), pour un prix moyen de 2,3 millions d'euros en tenant compte des options (la fabrication d'un modèle était lancée après un versement de 400 000 €). Précisons enfin que la révision annuelle coûte 12 000 €. Le dernier exemplaire produit, une Grand Sport Vitesse baptisée « La Finale » a été exposée au salon de Genève en mars 2015, avant de gagner le Moyen-Orient.

Un an plus tard, au salon de Genève 2016, Bugatti a dévoilé la Chiron, qui pousse le bouchon (de radiateur...) encore plus loin : 1500 ch, 420 km/h une fois enclenchée la *speed key* (380 km/h autrement), et un tarif de 2,4 millions € pour une production limitée à 500 exemplaires (dont un tiers avait été réservé avant la mise sur le marché).

Deux chiffres encore : 60 000 litres d'air circulent chaque minute à travers le groupe motopropulseur, et dans le même temps la pompe à eau fait circuler l'équivalent de 800 litres d'eau. Bref, de la bande dessinée sur roues ! ●

Au printemps 2016, le constructeur a présenté la remplaçante de la Veyron, la Chiron, plus folle encore: 1500 ch, 420 km/h...

CASSE-PIEDS

SI L'ON EN CROIT LA PUBLICITÉ, L'AUTOMOBILE EST UN COCON QUI PRÉSERVE DES AGRESSIONS DU MONDE EXTÉRIEUR, UN HAVRE DE PAIX QUE L'ON PEUT - ET DOIT - CONSIDÉRER COMME UNE EXTENSION DU DOMICILE.

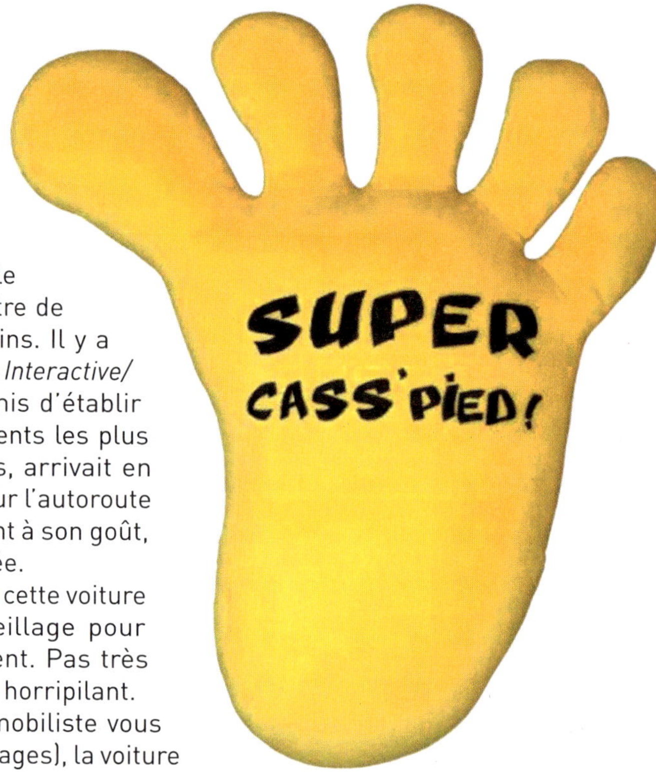

Las ! La route serait en effet le plus bel endroit du monde si l'on n'y était pas en permanence confronté à ces casse-pieds dont le seul but dans l'existence semble être de gâcher la vie de leurs contemporains. Il y a quelques années, un sondage *Harris Interactive/ Question Auto* avait d'ailleurs permis d'établir une hiérarchie des dix comportements les plus agaçants. Avec 26% des suffrages, arrivait en tête l'automobiliste qui vous colle sur l'autoroute parce que vous roulez trop lentement à son goût, attitude aussi stressante que risquée.
En deuxième position (25% des voix) cette voiture qui remontait une file d'embouteillage pour s'y intégrer au tout dernier moment. Pas très dangereux – encore que – mais fort horripilant.
Le top 5 était complété par l'automobiliste vous doublant par la droite (15% des suffrages), la voiture qui reste en pleins phares quand vous la croisez la nuit (13%), et enfin celle qui occupe la file de gauche de l'autoroute (8%), alors même que les autres voies sont dégagées.
Par contre, sont traités avec plus d'indulgence les conducteurs du dimanche qui ralentissent alors que le feu est vert (4%), ces taxis qui bloquent la circulation pour faire descendre un client – lequel met toujours un temps fou à payer (3%).
Idem pour les travaux qui entraînent des embouteillages à trois heures du matin (2%), les touristes qui ralentissent la circulation en cherchant leur chemin (2% aussi), et enfin les conducteurs qui, au péage, prennent tout leur temps pour redémarrer après avoir payé (2%).

Le problème, hélas, est qu'en tout automobiliste sommeille un casse-pieds... qui souvent s'ignore! Qui, objectivement, peut prétendre être parfait sur la route ?

CHAPEAUX (DE ROUES)

L'EXPRESSION « PRENDRE UN VIRAGE SUR LES CHAPEAUX DE ROUES » EST ANCIENNE, LES « CHAPEAUX » DÉSIGNANT LES ENJOLIVEURS MÉTALLIQUES QUI ORNAIENT ALORS LES ROUES.

Elle signifie que l'on prend un virage de façon rapide : sous l'effet de la force centrifuge inclinant l'auto, on avait l'impression que lesdits chapeaux allaient racler le bitume. Par extension est apparue l'expression « démarrer sur les chapeaux de roues » qui n'a de fait pas vraiment de sens.

JACQUES CHIRAC

«LORSQUE JE VOIS AVEC QUELLE FUREUR PARFOIS ON TRAQUE L'AUTOMOBILISTE AU LIEU DE TRAQUER LES GANGSTERS, EN METTANT LES FORCES DE L'ORDRE (...) SUR LES ROUTES ET LES AUTOROUTES POUR VERBALISER, AVEC UN MATÉRIEL MODERNE, ET CECI POUR EMPÊCHER QUE LES GENS AILLENT AU-DELÀ DE 120 OU DE 130 KM/H.

Et bien je dis qu'on ferait mieux d'utiliser ces forces et ces moyens à renforcer ce qui est indispensable, la sécurité dans les grandes villes ou les campagnes. Et de laisser tranquille ce malheureux automobiliste, qui est le support d'une industrie qui par ailleurs va mal et que l'on aurait bien raison d'encourager. » Ces propos décapants avaient été tenus par un certain Jacques Chirac en 1981. Pourtant, une fois à l'Élysée, le même s'illustrera par son engagement en faveur de la sécurité routière, avec notamment le déploiement du réseau de radars automatiques fixes et la mise à disposition des forces de l'ordre de très importants moyens de contrôle.

L'on se souvient ainsi qu'en 2002, quelques mois avant l'installation des premiers radars, le « Chi » avait pris soin d'ignorer les voitures sportives durant son inauguration du Mondial de l'automobile.

Déclarant dans la foulée à la presse que le bilan de la sécurité routière était « *une honte pour le pays* », et lançant « *un appel à la responsabilité de chacun* », il avait estimé que « *la prise de conscience nationale* [était] *en marche* », condamnant au passage « *ceux qui font de la vitesse un argument de vente* ». Il n'y a que les imbéciles qui ne changent pas d'avis, dit-on...

Jacques Chirac, amateur de Peugeot, n'aura pas toujours été un héraut de la sécurité routière.

ERIC CLAPTON

LA PASSION D'ERIC CLAPTON POUR LES FERRARI EST NÉE EN 1969, LE JOUR OÙ SON AMI GEORGE HARRISON EST ARRIVÉ CHEZ LUI AU VOLANT D'UNE 365 GTC BLEU FONCÉ : *« LA PLUS BELLE CHOSE QUE J'AVAIS JAMAIS VUE »*, RÉSUMERA-T-IL PLUS TARD.

Le rockeur s'offrira par la suite de nombreux modèles, et notamment trois BB512i, son modèle préféré. Il acquerra par la suite de nombreux modèles de la gamme, et notamment une Enzo au volant de laquelle il reliait Calais à Aix-en-Provence en 8 heures : *« Je m'arrêtais juste pour prendre un sandwich et mettre de l'essence. »*

Cette ferveur ferrariste trouvera un point culminant en 2012, quand Clapton prendra livraison de « sa » Ferrari, la SP12 EC (ses initiales) une berlinette 458 Italia entièrement re-carrossée sous sa houlette par le Centro Stile Ferrari et Pininfarina, avec un dessin s'inspirant directement de la BB512i.

Cette possibilité consistant à se mitonner un modèle unique – ou *One-Off* comme disent les Britanniques – est offerte chaque année à une poignée de clients fortunés, prêts à débourser de véritables fortunes : pour la voiture de Clapton, on parle de 4,5 millions €, soit un tarif environ 22 fois plus élevé que celui de la 458 Italia qui sert ici de base technique. Folie des grandeurs ? Non pas. Avant tout l'hommage d'un fan fortuné à une marque mythique, et surtout à son fondateur. Dans une publication Ferrari, Clapton avait déclaré ceci : *« Je me souviens avoir visité Maranello, et avoir aperçu Enzo Ferrari qui quittait l'usine à l'arrière d'une Fiat. Il y a peu de choses qui m'ont subjugué à ce point. Même quand j'ai rencontré Elvis, ça ne m'a pas autant impressionné. Il y avait quelque chose avec Enzo, c'était un homme très intimidant. »* ●

Les ferraristi les plus fervents – et les plus fortunés – ont la possibilité de se faire fabriquer des modèles uniques. C'est le cas d'Eric Clapton avec sa SP12 EC.

Pour Enzo Ferrari, la Jaguar Type E était la plus belle voiture au monde.

CONCURRENCE

PAS FAIR-PLAY, LES CONSTRUCTEURS AUTOMOBILES ? BIEN AU CONTRAIRE ! ON ATTRIBUE À HENRY FORD LA PHRASE SUIVANTE : *« QUAND JE VOIS UNE ALFA ROMEO, JE LUI TIRE MON CHAPEAU. »* QUAND À ENZO FERRARI, IL CONSIDÉRAIT LA JAGUAR TYPE E COMME LA PLUS BELLE VOITURE DU MONDE. ELLE EST D'AILLEURS L'UN DES SIX MODÈLES À AVOIR INTÉGRÉ LES COLLECTIONS DU MOMA, À NEW YORK.

Mais nous parlons là de considérations stylistiques. D'un point de vue industriel, c'est plus pragmatique. L'ex-patron du groupe VW Martin Winterkorn avait en 2010 déclaré dans une interview accordée à un magazine allemand *« J'ai le plus grand respect pour Hyundai, surtout depuis qu'ils ont compris comment faire de bonnes voitures »*.

Quelques mois plus tard, une caméra l'avait saisi au salon de Francfort examinant de très près la dernière nouveauté du constructeur coréen. Actionnant le levier commandant le positionnement du volant, et devant ses collaborateurs que l'on devinait mal à l'aise, il s'était écrié : *« Cela ne fait pas de bruit ! BMW n'y arrive pas. Nous n'y arrivons pas. Et Hyundai y arrive ! »* Un sacré coup de pub pour la marque, pas réputée jusque-là pour la qualité de ses assemblages.

Les salons de l'automobile sont en effet très prisés des équipes dirigeantes des constructeurs, qui s'y livrent à une inspection détaillée de la concurrence. Au salon de Paris 2014, on a ainsi pu voir Amedeo Felisa, n°2 de Ferrari, s'attarder longuement à bord d'une Audi TT pour en détailler le fonctionnement de l'inédit *virtual cockpit*.

Jacques Calvet, ancien patron de PSA Peugeot Citroën, étudiait de près les produits japonais : *« À Sochaux, j'avais fait désosser une Corolla jusqu'à la dernière vis pour étudier la façon dont travaillaient leurs monteurs. Nous nous étions alors aperçus qu'il y avait une recherche technologique pour faciliter toutes les pénibilités du montage, et avions revu nos propres modalités d'assemblage en conséquence. Résultat, notre personnel nous a dit que la 406 était plus facile à monter que le modèle précédent. Grâce à Toyota ! »*

Bref, les constructeurs automobiles aiment – vraiment – l'automobile (!) et – s'ils ne dédaignent pas s'envoyer parfois des petites piques en *off* – se montrent avant tout des observateurs très attentifs des avancées de leurs rivaux.

CONNERIE

« Sur route, ô surprise, je m'apaise. Du moins je le crois. Ceux qui ont voyagé avec moi ne partagent pas toujours cet avis. Certes, je continue de manifester une acrimonie universelle ; je couvre traînards, veaux, pachydermes, escargots de mes sarcasmes amers ou orduriers, qui, pour rester secrets et murmurés, n'en révèlent pas moins sur ma mauvaiseté. »

François Nourissier, écrivain, in *Autos Graphie*

« LA VOITURE ÇA PUE, ÇA POLLUE ET ÇA REND CON » : TOUT BIEN CONSIDÉRÉ, LA TROISIÈME PARTIE DE LA FORMULE CHÈRE AUX ÉCOLOGISTES NE RECÈLERAIT-ELLE PAS UN FOND DE VÉRITÉ ?

Dès 1954, Pierre Daninos, dans *Les Carnets du major Thompson* (1954), résumait les choses ainsi : « *Il existe deux sortes de Français : les à-pied et les en-voiture. Les à-pied exècrent les en-voiture, et les en-voiture terrorisent les à-pied, les premiers passent instantanément dans le camp des seconds si on leur met un volant entre les mains….* » Quant à Louis Baudry de Saunier, journaliste et écrivain (1865-1938), il notait que « *les accidents de la route ont toujours, sans aucune exception, des causes qui échappent totalement à un examen usuel. Le plus fréquemment, en effet, ce sont des causes psychiques : un goût sportif exagéré* […], *un orgueil stupide* […], *la colère qui incite le conducteur à dépasser brutalement une voiture dont il a longtemps mangé la poussière.* […] *Une augmentation dans la sévérité des examens équivaudra à de simples tracasseries qui mécontenteront tout le monde, sans accroître la sécurité des routes. Pour avoir le droit de conduire, va-t-il falloir passer devant un conseil de psychologie ?* » Des lignés rédigées en 1927, et qui n'ont pas vieilli.

SURTOUT LES HOMMES

Il semble en effet s'opérer chez l'homme (les femmes apparaissent nettement moins concernées, ne représentant que 18% des conducteurs responsables d'accidents mortels) qui s'installe au volant un processus étrange qui le voit devenir agressif, irascible, capable des pires bassesses face à un prochain qui n'est plus considéré que comme un « ennemi ».

Citons ainsi celui ou celle qui tarde à redémarrer au feu rouge, grille la priorité, accélère trop lentement, freine trop tôt ou trop tard, oublie son clignotant, etc. La liste ne saurait être exhaustive tant elle recèle de cas, parfois les plus surprenants et inattendus. Il suffit d'ailleurs de faire le test autour de soi : chacun dans son entourage dispose

de l'exemple d'un homme réputé calme dans la vie et qui, une fois au volant, se mue en un personnage hargneux et vindicatif, et de fait méconnaissable. Et le problème, c'est que tout le monde est potentiellement concerné : « *quatre à cinq ans après avoir obtenu son permis, chaque conducteur s'est construit son propre code de la route, avec ses tolérances personnelles, qui vont du stop glissé au feu orange devant lequel on accélère systématiquement, en passant bien sûr par des excès de vitesse ou l'ingestion excessive d'alcool* », observe Jean-Marc Bailet, docteur en psychologie, spécialisé en conduite automobile, et ancien officier de gendarmerie. Toutefois, le phénomène est plus profond, ajoute Bailet : « *Le volant modifie la personnalité de chaque conducteur en fonction du type de véhicule utilisé – véhicule personnel ou professionnel – et des conditions du moment. Dès qu'il y a un passager, on s'expose à des remontrances et on fait plus attention. L'exemple le plus frappant, c'est quand on voyage avec des enfants, qui jouent souvent le rôle de "policiers" embarqués, ou qui ne manquent pas de faire savoir que votre conduite leur donne mal au cœur. Dans ce cas, on fait des efforts. Seul à bord, on se laisse aller davantage* ». Par ailleurs, la position socioprofessionnelle joue un rôle déterminant. L'exemple-type du fou du volant pourrait être le jeune ouvrier, très bridé dans son travail, et pour lequel la route devient un espace de liberté et d'expression, où il peut même doubler son patron !

QUESTION DE MOYENS

Toutefois, l'automobile sert aussi d'exutoire au cadre qui squatte la file de gauche, prend des risques en roulant trop vite, ne supporte pas qu'on le ralentisse dans sa course et le fait savoir en collant le pare-choc du véhicule plus lent, pleins phares allumés. Une étude américaine menée en 2011 par l'université de Berkeley a d'ailleurs démontré que les riches prenaient plus de liberté avec le code de la route que les autres.

Postés à un carrefour, ils ont commencé par observer les véhicules ne respectant pas la priorité, et ont ensuite relevé les situations dans lesquelles un piéton engagé se voit couper la route par une voiture. Les véhicules étaient classés en cinq catégories, des plus modestes (groupe 1) aux berlines de luxe (groupe 5). Ils ont ainsi constaté que près de 30 % des véhicules du groupe 5 forcent le passage aux voitures prioritaires, un taux quatre fois supérieur aux groupes 1 et 2, et trois fois supérieur aux groupes 3 et 4. Concernant les piétons, près de la moitié des voitures de luxe refusaient la priorité alors que la quasi-totalité des voitures des groupes 1 et 2 s'arrêtaient... « *Non que les riches soient foncièrement mauvais, mais l'élévation dans l'échelle sociale – que l'on soit un humain ou un primate – implique le fait que vous soyez plus concentré sur vous-même* »,

a précisé le responsable de l'étude. À ce propos, l'on savoure la comparaison formulée par Jean-Pascal Assailly, psychologue-chercheur à l'IFSTTAR, laboratoire public de recherche automobile, dans le mensuel *Question Auto* : « *Imaginez la situation, hélas courante, où vous collez un véhicule en le klaxonnant, pleins phares allumés et insultant son conducteur. La sécurité routière considère ceci comme une infraction. Maintenant, imaginez que vous adoptiez la même attitude dans la rue, tendant le poing et hurlant derrière un passant trop lent à votre goût. Au-delà du ridicule de la situation, ce serait surtout une véritable et intolérable agression ! Donc oui, l'automobile modifie les comportements. La route et la voiture, c'est un des endroits où l'on se permet d'être violent car cela ne se voit pas, ou peu.* » Pour s'en convaincre, il suffit de se pencher sur les statistiques officielles : 13,5 millions de points retirés en 2013, dont plus de la moitié (7,7 millions) pour excès de vitesse et près du tiers (4,2 millions) pour non-respect des règles de circulation ou de priorité.

LE CON, C'EST L'AUTRE !

Avec l'automobile se pose donc la question de l'agressivité. C'est la métaphore du mouton qui devient loup au volant. La voiture change l'homme, car c'est une formidable machine à nous faire régresser. Elle est confortable, accueillante, et on la considère souvent comme une seconde maison.

Quelqu'un qui vous colle ou vous fait une queue de poisson s'immisce de façon violente dans votre intimité, ce qui entraîne parfois des réactions violentes. Elle a l'effet pervers de nous couper du monde : en voiture, l'autre n'existe plus vraiment.

Ou alors pour justifier l'insécurité routière. Pour le jeune, le danger est représenté par le senior qui ne dispose plus de tous ses moyens. Pour ce dernier, le danger, c'est le conducteur inexpérimenté. Celui qui boit, lui, peste contre celui qui roule trop vite, tandis que l'énervé du champignon stigmatise ceux qui boivent. *« On opère une sélection de l'infraction que l'on se permet, puis on juge que ce sont les autres types d'infraction qui sont dangereuses, afin de rejeter la responsabilité de l'insécurité routière sur des boucs émissaires», résume* Assailly, citant la théorie du penseur et philosophe René Girard. Le danger, c'est les autres, jamais soi-même. Or, l'un des enjeux des stages de récupération de points, est justement de démontrer que « *l'autre, c'est moi* ». Ce qui n'est pas une mince affaire.

CABINES OU CAROTTES ?

Et les radars, dans tout ça ? L'implantation des cabines automatiques fin 2002, précédée pendant de longs mois d'une intense pression médiatique anti-vitesse, s'est traduite par une baisse quasi-mécanique de la mortalité routière (-66% à leur proximité entre 2002 et 2014). Faut-il en déduire que l'automobiliste n'est sensible qu'à la peur du bâton?

À moins que ce soit l'inverse : en 2012, une étude menée aux États-Unis par la NHTSA, équivalent de notre Sécurité routière, a démontré qu'une récompense financière influait sur le comportement. Des groupes de volontaires devaient respecter les limitations de vitesse pendant une semaine, un GPS-mouchard installé à bord. Au terme de la période, ceux qui avaient respecté les limitations recevaient une récompense de 25 dollars, alors que chaque infraction était sanctionnée par la perte de quelques centimes sur cette somme. Si elle n'a pas fourni de résultats chiffrés, la NHTSA a dit constater une réelle efficacité de ce système.

Après le bâton, la carotte achèvera-t-elle de calmer les derniers énervés de la conduite ? Dans tous les cas, ni l'un ni l'autre ne sont satisfaisants d'un point de vue pédagogique.

Pour Jean-Marc Bailet, le docteur en psychologie cité plus haut, la clé réside dans la gestion du stress[1]: *« En voiture, il faut savoir dire pardon, s'excuser quand on commet une faute, être indulgent avec autrui, avoir le sourire. J'encourage chacun à pratiquer la respiration abdominale et à réfléchir sur son rapport à l'automobile et à autrui. Chacun peut s'améliorer à condition de le vouloir, j'ai pu le constater à travers de nombreux exemples concrets.* » Simple, évident, et pourtant... En attendant que chacun puisse bénéficier des vertus de cette auto-méditation, il semble que l'automobile rend – souvent – con. D'ailleurs, à en croire un sondage réalisé par *Harris Interactive*, « *Connard* » est l'insulte favorite des automobilistes (26% des réponses, contre 10% à « *Putain* » et 5% à « *Merde* »), à égalité chez les femmes et les hommes de tous âges. Et ce n'est peut-être pas tout à fait par hasard.

---

1 Il a d'ailleurs consacré un ouvrage au sujet *« Je stresse au volant, au guidon, mais je me soigne ! »* (éd. L'Harmattan)

C comme...

CONTREFAÇON

MALGRÉ UN LÉGER TASSEMENT DES VENTES, LA CHINE RESTE LE PREMIER MARCHÉ AUTOMOBILE MONDIAL AVEC 23,5 MILLIONS DE VÉHICULES ÉCOULÉS EN 2014. DE QUOI AIGUISER LES APPÉTITS, SACHANT QUE PLUS DE CENT CONSTRUCTEURS S'Y LIVRENT DÉJÀ BATAILLE.

Parmi ceux-ci, il en est certains, chinois, qui ont pris la mauvaise habitude de copier ouvertement la production européenne.

Si les pedigrees techniques des autos diffèrent sensiblement (le contenu technologique des modèles chinois est encore relativement basique), les apparences sont parfois tellement proches que même un œil averti s'y perdrait. Après tout, certaines études assurent que la contrefaçon représenterait jusqu'à 30% de l'activité industrielle chinoise, montres et produits high-tech en tête (le vin est touché lui aussi!), et il n'y a aucune raison que l'automobile échappe au phénomène. La preuve en images.

L'ORIGINAL : Range Rover Evoque

LA COPIE N°1 : Landwind X7

LA COPIE N°2 : Gonow GX6

D'un côté, le très stylé SUV Range Rover Evoque, qui fait un malheur dans le monde entier depuis ses débuts en 2011. De l'autre, le non moins stylé Landwind X7, dévoilé en 2014 et vendu plus de la moitié moins cher que le modèle britannique qui lui sert de référence. Détail piquant, la maison mère du constructeur Landwind est Jiangling Motor (JMC), dont Ford – qui contrôlait Land Rover jusqu'en 2008 – détient 32 % du capital. « *Jaguar Land Rover prendra toutes les mesures appropriées* », avait réagi le constructeur à l'automne 2014 quand il avait découvert la forfaiture. Gageons qu'il s'intéresse aussi au Gonow GX6, lui aussi très proche stylistiquement de l'Evoque...

L'ORIGINAL : BMW X1

LA COPIE : Brilliance A3

Partenaire officiel de BMW, pour qui il fabrique des séries 3 et 5 officielles destinées aux marchés asiatiques, Brilliance en profite pour proposer une véritable copie de la petite X1, baptisée A3 (le nom d'une Audi, tiens...). Certifiée non conforme à l'originale, bien sûr, même si les voitures sont produites sur les mêmes chaînes.

L'ORIGINAL : Toyota Land Cruiser

LA COPIE : Gonow Troy

Animé par des moteurs d'origine Mitsubishi ou Isuzu, le pick-up Troy s'inspire directement du Toyota Land Cruiser côté style. Le constructeur propose également le G5, clairement inspiré par le Touareg de Volkswagen.

L'ORIGINAL : Mini

LA COPIE : Lifan 320

La Lifan 320, dévoilée début 2010, copiait la Mini mais ajoutait deux portes à l'arrière. À l'automne 2014, le constructeur germano-britannique dévoilait à son tour une Mini 5 portes... dont il est permis de douter qu'elle ait été inspirée de la démarche chinoise. À moins que...?

L'ORIGINAL : Lexus RX

LA COPIE N°1 : Byd S6

LA COPIE N°2 : Huanghai Landscape V3

Le 4x4 de luxe japonais a inspiré deux « hommages » chinois. Le premier est dû à Byd (pour *Build Your Dreams*, « Construisez vos rêves »), avec son S6 qui pousse le raffinement – ou le vice – jusqu'à proposer une motorisation hybride, comme son inspiratrice. Le second est signé Huanghai, dont le Landscape V3 semble copier le modèle de référence au boulon près.

L'ORIGINAL N°1 : Mercedes CLK

L'ORIGINAL N°2 : Renault Mégane 2 CC

LA COPIE : Byd S8

Peu inspiré, BYD a mixé deux dessins pour son coupé-cabriolet S8. La partie avant est une photocopie de l'ancien Mercedes CLK, alors que l'arrière reprend trait pour trait la Renault Mégane 2 CC. Pour un résultat que l'on qualifiera poliment d'incertain, et que sanctionneront des ventes catastrophiques. Bien fait.

L'ORIGINAL : Porsche Cayenne

LA COPIE : Huatai Baolige

Ce SUV fabriqué par Huatai singe ouvertement la Porsche Cayenne de première génération, tandis que sa calandre grillagée évoque Bentley. Sous le capot, un 1.8 turbo essence ou un 2.0 diesel. Premier prix à 135 000 yuans, soit 14 000 €.

L'ORIGINAL : Toyota Aygo

LA COPIE : Byd F0

La citadine Toyota (première génération du modèle) a eu les honneurs des décalcomaniaques de chez Byd. L'auto singe ainsi son modèle jusqu'au compte-tours à implantation déportée !

LA COPIE : Jinma KWM2200

L'ORIGINAL : BMW i3

Point commun entre la BMW i3 et sa copie chinoise ? Elles roulent toutes les deux à l'électricité. Pour le reste, on a plus l'impression d'avoir affaire à un gag qu'à une véritable automobile. Ceci dit, le prix est en rapport : la petite merveille est affichée à 3 700 € environ en Chine (peu de chances qu'elle soit homologuée un jour en Europe), soit un tarif dix fois inférieur à celui de son inspiratrice.

COUP DE POMPE

L'ON NE COMPTE PLUS QUE 11 269 (DONT 5072 EN RÉSEAU DE GRANDE ET MOYENNE SURFACE) STATIONS-SERVICES DANS L'HEXAGONE, ALORS QU'ELLES ÉTAIENT 47 000 EN 1975.

En 2013, la Fédération nationale de l'artisanat automobile, citant une étude de l'administration de l'aménagement du territoire, tirait la sonnette d'alarme : près de 4 millions de Français sont menacés par la «désertification» des stations-services, surtout à la campagne mais aussi en région parisienne.

Avaient ainsi été recensées 871 stations «ultimes», «*dont la disparition plongerait les automobilistes, les entreprises et les services publics géographiquement concernés dans une dangereuse situation de désertification*», soulignait la FNAA. Et celle-ci de rajouter : «*Un quart de la population doit accomplir plus de 5 kilomètres en moyenne pour atteindre une première station. Dans 38 départements français, l'automobiliste doit rouler de 15 à 38 minutes.*»

En cause, l'exode rural, la baisse de la consommation de carburants, et la nouvelle concurrence des stations de supermarché, qui écoulent 61% du carburant.

COUPÉS SPORTIFS : À QUOI BON ?

ET SI ON ARRÊTAIT DE SE RACONTER DES HISTOIRES **AU SUJET DES VOITURES DE SPORT ?**

Alors que la plupart des amateurs d'automobiles caressent l'idée de s'offrir un jour des Ferrari, Porsche 911 et autres coupés de rêve, ont-ils seulement conscience des contraintes sociales et surtout pratiques que cela impose ?

Sachant que certaines « berlines de papa » et autres breaks de course assurent des performances et un plaisir de conduite similaire, à quoi bon se compliquer l'existence ? Démonstration en quatre duels fratricides, chez les quatre grands constructeurs allemands (et avec peut-être un zeste de mauvaise foi, avouons-le).

LES FORCES EN PRÉSENCE

AUDI :

LE COUPÉ : R8 - V10 5.2, 540 ch

LE BREAK :
RS6 - V8 4.0, 560 ch

BMW :

LA BERLINE :
M5 - V8 4.4, 560 ch

LE COUPÉ : M6 - V8 4.4, 560 ch

MERCEDES-BENZ :

LE COUPÉ : AMG GT S - V8 4.0, 510 ch

LA BREAK :
AMG C63 S Break, V8 4.0, 510 ch

PORSCHE :

LA BERLINE :
Porsche Panamera 4S PDK
V6 3.0, 420 ch

LE COUPÉ : 911 Carrera 4S PDK
6 cyl. à plat, 3.0, 420 ch

VITESSE MAXI : VICTOIRE DES COUPÉS, MAIS...

Audi R8	323 km/h
Audi RS6	305 km/h
BMW M6	305 km/h
BMW M5	305 km/h
Mercedes AMG GT S	310 km/h
Mercedes AMG C63 S Break	300 km/h
Porsche 911 Carrera 4S PDK	303 km/h
Porsche Panamera 4S PDK	286 km/h

La plupart des surpuissantes berlines allemandes sont autolimitées à 250 km/h, mais les constructeurs proposent de les débrider (moyennant finances, bien sûr). Ce sont donc les vitesses « libres » que nous indiquons ici. Les coupés prennent certes un léger avantage, mais combien de fois roule-t-on à 300 km/h dans une vie d'automobiliste ?

FACE AU CHRONO : (COURTE) VICTOIRE DES COUPÉS

Audi R8	3,5 s
Audi RS6	3,9 s
BMW M6	4,2 s
BMW M5	4,3 s
Mercedes AMG GT S	3,8 s
Mercedes AMG C63 S Break	4 s
Porsche 911 Carrera 4S PDK	4 s
Porsche Panamera 4S PDK	4,8 s

À l'heure des radars, c'est surtout aux sorties de péages que l'on peut faire parler la poudre. Or, malgré les différences de poids entre les deux catégories de véhicules, les chronos – et donc les sensations – sont quasiment identiques.

Le plus gros écart ici constaté, qui s'établit à 8 dixièmes de seconde chez Porsche, restera quasiment insensible dans la vie réelle. Et le plaisir éprouvé à titiller une GT quand on se trouve au volant d'un « taxi » est, lui, sans prix...

ET LES VALISES ? VICTOIRE DES BERLINES

Audi R8	112 litres
Audi RS6	565 litres
BMW M6	460 litres
BMW M5	520 litres
Mercedes AMG GT S	285 litres
Mercedes AMG C63 S Break	435 litres
Porsche 911 Carrera 4S PDK	125 litres
Porsche Panamera 4S PDK	445 litres

À l'exception du coupé BMW, plus bourgeois dans sa définition même, les modèles sportifs offrent un volume de chargement digne de celui d'une mini-citadine, ce qui limite bien sûr grandement leur usage.

L'on accordera toutefois une mention « passable » à la 911 dont les deux minuscules places arrière présentent l'avantage de pouvoir accueillir des valises. Les berlines enfoncent le clou en pouvant embarquer 4 – voire 5 – personnes confortablement. Banquette arrière rabattue, le volume de chargement du break Audi RS6 s'établit à près de 1,7 m^3 : une vraie camionnette !

À LA POMPE : VICTOIRE DES BERLINES

Audi R8	11,8 l/100 km
Audi RS6	9,6 l/100 km
BMW M6	9,9 l/100 km
BMW M5	9,9 l/100 km
Mercedes AMG GT S	9,6 l/100 km
Mercedes AMG C63 S Break	9,8 l/100 km
Porsche 911 Carrera 4S PDK	9,1 l/100 km
Porsche Panamera 4S PDK	8,9 l/100 km

On aurait pu craindre que les familiales payent le tribut de leur gabarit et d'un aérodynamisme moins poussé par un appétit plus important. Et il n'en est rien, puisque les consommations moyennes sont quasi-identiques partout… sauf chez Audi, où le coupé R8 se fait ridiculiser par le la RS6, du moins dans le cadre de mesures réalisées sur banc d'essai. À l'usage, le surpoids d'une demi-tonne du break aura tout de même tendance à lisser les écarts.

CÔTÉ PORTE-MONNAIE : VICTOIRE DES BERLINES *

Audi R8	165 000 €
Audi RS6	122 400 €
BMW M6	134 600 €
BMW M5	119 600 €
Mercedes AMG GT S	144 000 €
Mercedes AMG C63 S Break	122 250 €
Porsche 911 Carrera 4S PDK	118 505 €
Porsche Panamera 4S PDK	112 607 €

Le coup de grâce ! Non seulement les coupés s'avèrent moins capables que les familiales, mais ils facturent leurs non-services à des prix nettement supérieurs : le surcoût s'élève ainsi à 18% chez Mercedes, 12,5% chez BMW et même 35% chez Audi !

Reste Porsche, dont la mythique 911 se défend globalement plutôt bien par rapport à la Panamera (sauf au chapitre pratique, bien sûr). Bref, à part pour la frime – critère important, certes – ou d'hypothétiques évolutions sur circuit, il n'y a désormais aucun domaine dans lequel les coupés sportifs dominent les berlines. ●

Tarifs au 1er avril 2015.

COURROIE DE DISTRIBUTION

ÉLÉMENT ESSENTIEL DU MOTEUR, CETTE PIÈCE EN CAOUTCHOUC N'A QU'UN DÉFAUT : IL LUI ARRIVE DE CASSER SANS DONNER LE MOINDRE SIGNE AVANT-COUREUR DE FATIGUE, CE QUI ENTRAÎNE GÉNÉRALEMENT D'IMPORTANTS DÉGÂTS MÉCANIQUES.

Seule solution pour éviter toute déconvenue, remplacer la courroie à titre préventif en suivant scrupuleusement les préconisations du constructeur. Sans oublier de monter une pompe à eau neuve par la même occasion car, comme disent les mécaniciens : « *Changer la courroie de distribution sans faire la pompe à eau, c'est comme changer de chaussettes sans se laver les pieds.* » Poésie du garagisme...

Heureusement, de plus en plus de constructeurs reviennent au système de distribution par chaîne.

Quand la courroie de distribution casse, les frais s'élèvent à plusieurs milliers d'euros.

C comme...

COURSES-POURSUITES

DE L'ŒUVRE DE PREMIER PLAN AU NANAR LE PLUS IMPROBABLE, IMPOSSIBLE DE RÉPERTORIER AVEC PRÉCISION TOUS LES FILMS DANS LESQUELS L'AUTOMOBILE JOUE UN RÔLE MAJEUR. MIEUX : CELLE-CI A PERMIS DE CRÉER UN GENRE À PART ENTIÈRE, CELUI DE LA COURSE-POURSUITE, QUI CONSTITUE SOUVENT LE CLOU DU SPECTACLE, LA SCÈNE DONT LE SPECTATEUR SE SOUVIENT, L'INGRÉDIENT QUI PEUT JUSTIFIER À LUI SEUL DE SE RENDRE AU CINÉMA.

Injection d'adrénaline pure qui permet parfois de compenser quelques faiblesses scénaristiques, elle constitue souvent un véritable morceau de bravoure pour le réalisateur qui cherche – presque – toujours à se distinguer de ce qui a été fait avant lui, l'une des références étant bien sûr *Bullitt* qui, dès 1968, fixait des règles d'une étonnante modernité, tant en matière de rythme que de cadrage. 10 minutes et 53 secondes de virtuosité pure, après lesquelles rien n'a plus été comme avant. Mais qui a aussi forcé les autres réalisateurs à faire preuve de toujours plus de créativité. Voici une sélection – forcément – subjective, et – forcément (bis) – incomplète de quelques-unes des meilleures courses-poursuites de cinéma.

Drive (Nicholas Winding Refn, 2011)

« Si je conduis pour vous, vous me donnez une heure et un lieu. Je vous donne un créneau de 5 minutes. Pendant ces 5 minutes je ne vous lâche pas. Quoiqu'il arrive. Je n'interviens pas pendant le braquage. Je ne porte pas d'arme. Je conduis». Deux poursuites mémorables émaillent le film, mais avouons une préférence pour la première plus originale. Ici, ni pneus qui crissent ni excès de vitesse, mais une implacable montée du suspense jusqu'au moment où la Chevrolet Impala grise est repérée sur un pont par l'hélicoptère des forces de l'ordre. Et là...

En 2011, Drive réinventait le polar automobile.
Pour le plus grand plaisir des festivaliers de Cannes.

La mémoire dans la peau (Doug Liman, 2002)

Certes, ça fait toujours drôle de voir une voiture prendre à droite en bas des Champs-Élysées pour surgir au plan suivant en haut de la Butte Montmartre (on exagère à peine) mais il n'en demeure pas moins que cette poursuite mettant en scène une Mini brinquebalante prise en chasse par les voitures et motos des forces de l'ordre est l'une des plus spectaculaires de ces dernières années. Parmi les morceaux de bravoures, distinguons la descente d'escaliers dont on se demande comment la Mini a survécu sans se disloquer après trois marches. Haletant !

Quantum of solace (Marc Forster, 2008)

Parmi les innombrables poursuites en voitures des aventures de James Bond, celle de l'ouverture de *Quantum of solace*, sur les routes autour du lac de Garde, est sans conteste l'une des plus réussies. Et l'une des plus paradoxales, car le héros est à la fois poursuivi par les « méchants », en Alfa 159, et les carabiniers, en Land Rover Defender. Et tous finissent dans un ravin, tandis que l'Aston Martin mène notre héros à bon port, bien que salement abîmée. Un progrès toutefois par rapport à *Casino Royale*, où l'Aston était littéralement pulvérisée après seulement quelques secondes de poursuite, au plus grand désespoir des fans.

Quand les cascadeurs doublent Bond, la consigne est d'avoir un style de conduite froid et efficace, avec aussi peu de glissades que possible. Quand ils doublent les méchants, ils font plus de spectacle.

Bullitt (Peter Yates, 1968)

Une scène de poursuite qui a quasiment inventé le genre, et qui innovait alors par des angles de vue audacieux et l'alternance quasi-hypnotique de plans larges et serrés, notamment en caméra subjective pour des plongées vertigineuses dans les rues de San Francisco. Sur le fond, le spectateur est surpris par le renversement des rôles : Bullitt se rend compte qu'il est suivi, et de chassé il devient chasseur. La séquence s'achève quand la Dodge Charger des méchants fonce dans une station-service qu'elle fait exploser. Excellente bande-son signée Lalo Schiffrin, et Oscar du meilleur montage 1969. Plus que mérité.

La poursuite de *Bullitt* n'a guère vieilli, malgré quelques libertés prises avec la géographie des lieux et cette satanée coccinelle verte qui apparaît sur plusieurs plans...

Point limite zéro (Richard C. Sarafian, 1971)

Un véritable concentré de contre-culture que ce road-movie méconnu mettant en scène un ex-flic et ancien pilote auto lancés dans une course folle entre Denver et San Francisco, cavale sans issue qui s'achève dans un crash mémorable. Le tout sur fond de produits illicites, de musique soul et des envolées du V8 de la Dodge Challenger R/T au volant de laquelle le héros échappe à plusieurs pièges tendus sur son chemin. Plusieurs scènes d'action émaillent le film, mais mention spéciale pour la maestria avec laquelle le héros se joue des trois voitures de police lancées à ses trousses dans un paysage désertique... Un must.

Un «road racer» en Jaguar Type E, une jolie blonde qui fait de la moto nue dans le désert...: Kowalski, le héros (incarné par Barry Newman), multiplie les rencontres insolites dans le film.

Les rugissements du V8 de la Dodge Challenger R/T sont un élément-clé de la bande-son de *«Vanishing Point»*.

L'or se barre (Peter Collinson, 1969)

Soit une bande de gangsters britanniques – en Mini – qui veut s'emparer de l'or du constructeur Fiat. Elle trouve sur sa route la mafia et, accessoirement, les forces de l'ordre en Alfa Romeo. Ce qui constitue le prétexte à une scène de poursuite restée dans les mémoires avec des Mini qui explorent le moindre recoin de Turin, jusqu'aux tuyaux géants des égouts qu'elles « surfent » littéralement. Une fort amusante ballade touristique sur fond musical signé Quincy Jones. Et Benny Hill en guest star surtout !

«The italian job», film que baigne un délicieux sens de l'humour, aura constitué un formidable coup de pub pour la Mini.

French Connection (William Friedkin, 1971)

Les spécialistes du cinéma considèrent que le succès – populaire et professionnel, avec 5 Oscars à la clé – du film doit beaucoup à la poursuite dans les rues de Brooklyn. Rappelons que Popeye Doyle (Gene Hackman) « emprunte » une voiture pour prendre en chasse le métro aérien dans lequel a pris place un tueur, et s'ensuit une poursuite pleine d'adrénaline avec rues à contresens, piétons évités de justesse, carambolages en série et tôle froissée. Bref, tout y passe ! William Friedkin a un jour expliqué qu'il s'était inspiré de la poursuite de *Bullitt*, une référence selon lui, mais qu'il lui était impensable d'opérer dans des rues désertes comme à San Francisco. Il a donc tourné une grande partie de la scène sans disposer de toutes les autorisations nécessaires. « *Ce que je ne referais plus aujourd'hui* », avouera-t-il des années plus tard.

Les années 70 constituent une sorte d'âge d'or automobile pour le cinéma US.

Pour parvenir à ses fins, le policier Popeye Doyle (Gene Hackman) conduit comme le pire des voyous dans New York.

Duel (Steven Spielberg, 1971)

La course-poursuite la plus longue de l'histoire du cinéma, puisqu'elle s'étale sur la quasi-totalité du film. Tourné avec peu de moyens par un Steven Spielberg alors débutant, et au départ destiné à la télévision, *Duel* met en scène un représentant de commerce (en Plymouth Valiant) pris en chasse dans le désert de Californie par un camion (Peterbilt 281), ceci sans raison apparente et sans que l'on voie jamais le visage du chauffeur, ce qui ajoute bien sûr à l'angoisse, très savamment dosée pendant 90 minutes. Plus de quarante ans après, un film qui n'a guère vieilli. ●

Malgré – ou grâce à – son minimalisme, *Duel* n'a pas vieilli.

Du chauffeur du Peterbilt, on ne verra que les bottes. L'horreur est humaine, et surtout mécanique.

C comme...

CRASH-TEST CRASHÉ

VOLVO PEUT SE TARGUER D'AVOIR ÉTÉ LE PREMIER CONSTRUCTEUR À OFFRIR LA CEINTURE DE SÉCURITÉ « TROIS POINTS » EN SÉRIE, CECI DÈS 1959.

Dans cet esprit, le constructeur suédois a disposé dès 1970 d'un service dédié à la recherche sur les accidents, lequel analyse les cas impliquant des véhicules de la marque (ce qui peut arriver), dans le but d'orienter le développement de nouveaux équipements.

Convier la presse internationale pour un test de sécurité qui rate complètement. Un cauchemar vécu par Volvo en 2010.

La création du Centre de sécurité Volvo Cars en 2000, laboratoire parmi les plus évolués du monde, rejoint cette préoccupation. Avant d'exister en tant qu'objet physique, chaque nouveau modèle y fait l'objet de centaines de tests sous simulateur virtuel. Vient ensuite le temps des épreuves physiques, qui suppose le passage de dizaines de prototypes à la moulinette : « crashés », désossés puis analysés ils fournissent des indications précieuses pour les ingénieurs chargés de la sécurité passive.
Pour autant, cela n'empêche pas certains ratages, comme celui intervenu en mai 2010, quand la marque avait invité la presse à découvrir le système de freinage autonome équipant sa S60 : lancée à 35 km/h sans conducteur, celle-ci devait s'arrêter seule avant un obstacle représenté par une remorque de camion. Et que croyez-vous qu'il arrivât ? L'auto « oublia » tout simplement de freiner et s'encastra (sans déclencher d'airbag) dans la remorque du 38 tonnes, devant une nuée de caméras qui saisirent l'instant fatal, lequel sera vu à des millions de reprises sur Internet. Explication donnée à l'époque par Volvo ? Une batterie défaillante qui aurait rendu le système inopérant... Bref, le bide total. Comme un parfum d'injustice, donc, pour ce fiasco touchant un constructeur parmi les plus méritants sur les questions de sécurité. Assez méritant, d'ailleurs, pour que son image résiste à cette mésaventure.

CRAZY CARS

TOUJOURS À LA RECHERCHE DU « TRUC » QUI FERA LA DIFFÉRENCE, LES CONCEPTEURS DE VOITURES DE COURSE S'APPARENTENT PARFOIS À DE VÉRITABLES « SAVANTS FOUS ». FLORILÈGE DE TROUVAILLES – GÉNÉRALEMENT – SANS LENDEMAIN.

Nissan DeltaWing

La Nissan DeltaWing a pris le départ des 24 Heures du Mans 2012 où elle arborait le numéro 0 car elle courait hors classement, et occupait le box n°56 réservé aux véhicules expérimentaux. Son museau effilé, qui accueillait deux roues jumelées larges de 10 cm chacune, visait à offrir la résistance aérodynamique la plus faible possible. Ceci afin d'optimiser la consommation de son petit bloc 4 cylindres 1.6 turbo placé à l'arrière. Si l'auto se montra plutôt performante durant les premières heures de course, une sortie de route consécutive à un accrochage avec une Toyota mit un terme à la démonstration en début de soirée. Depuis, le team DeltaWing continue l'aventure de la compétition aux États-Unis, avec l'ambition à terme de produire un modèle homologué pour la route…

Jolie, cette Nissan DeltaWing. Mais trop peu compétitive.

Nissan GT-R LM Nismo

Au Mans 2015, Nissan suscite la curiosité avec une très spectaculaire voiture à moteur et traction avant, baptisée GT-R LM Nismo 2015. Mais l'aventure tournera court : les trois voitures engagées se montrent incapables de suivre le rythme des Audi, Porsche et Toyota qui dominent la catégorie LMP1 : l'écart de performances avec les meilleures dépasse les 20 secondes au tour ! Une seule des GT-R verra le drapeau à damiers, mais hors-classement car n'ayant pas couvert 70% de la distance parcourue par la Porsche victorieuse. Un fiasco sportif, donc, toutefois contrebalancé par un énorme succès en termes de communication. C'est déjà ça.

La GT-R LM Nismo 2015 : du style, des chevaux, du buzz, et surtout beaucoup de vent…

Chaparral 2J

En 1970, la Chaparral 2J qui s'aligne au championnat nord américain CanAm est la première voiture au monde à disposer d'un système d'effet de sol actif : l'air s'écoulant sous la voiture était aspiré par deux ventilateurs situés à l'arrière de la carrosserie, ce qui générait une adhérence parfaitement hors-normes. De fait, l'auto aurait même pu rouler au plafond ! Trop performante pour une concurrence qui militait pour son retrait des circuits, en même temps que souffrant d'une fiabilité aléatoire, elle disparaîtra au terme de sa première saison de compétition. Brabham reprendra ce principe sur sa F1 en 1978 au GP de Suède: une course, une victoire (Niki Lauda), et une interdiction définitive du système dans la foulée!

L'adhérence crée par l'effet de succion rendait les voitures plus épuisantes encore à conduire.

Tyrrell P34

Les quatre « roulettes » à l'avant de la Tyrrell P34, qui a tout de même couru deux saisons du championnat du monde de F1 (1976-1977), devaient améliorer son adhérence. L'auto connaîtra des résultats honorables, avec notamment une pole position et une victoire, mais Goodyear, qui fournissait les pneus, préfèrera jeter l'éponge car le processus de développement lui revenait trop cher. Le procédé ne fera pas école.

Pour Goodyear, le travail sur les pneus de la Tyrrell P34 virait au casse-tête.

March 711

Avec sa partie avant toute en rondeurs surmontée par un « plateau à thé », la March 711 de 1971 pouvait évoquer l'univers du dessin animé. Mais cela n'empêchera pas Ronnie Peterson d'être vice-champion du monde de F1 à son volant, ceci grâce à quatre deuxièmes places. Comme quoi l'audace paie parfois.

March aura mis au point le plateau à thé le plus rapide du monde.

Ligier JS5

On ne se lasse pas du profil de bonnet de Schtroumpf de la première Ligier de F1, en 1976. Mais que l'on ne s'y trompe pas, la création de Gérard Ducarouge était une bête de course: à son volant, Jacques Laffite obtint trois podiums et une pole position !

La Ligier JS5 (JS en hommage à Jo Schlesser, pilote mort en course) n'était pas la plus élégante, mais pas la moins performante.

C comme...

TOM CRUISE

TOM CRUISE SE SERA SURTOUT ILLUSTRÉ COMME PILOTE... DEVANT LA CAMÉRA (*JOURS DE TONNERRE*, 1990). **L'ACTEUR N'AYANT JAMAIS PRIS PART À LA MOINDRE COMPÉTITION,** IL EST DIFFICILE DE JAUGER DE SES CAPACITÉS RÉELLES VOLANT EN MAINS.

On se souvient simplement qu'en 2011, l'écurie Red Bull lui avait permis de prendre les commandes d'une Formule 1 sur un circuit californien. L'exercice s'était notamment soldé par une sortie de route, mais on conçoit aisément qu'un temps d'accoutumance soit nécessaire, même pour un *Top Gun* de sa trempe ! ●

Tom Cruise en pilote de course, c'est juste du cinéma (*Jours de tonnerre*).

CYGNET

EN 2011, ASTON MARTIN, QUE LA LÉGISLATION EUROPÉENNE CONTRAINT À ABAISSER LES ÉMISSIONS MOYENNES DE CO2 DE SA GAMME, COMMERCIALISE LA CYGNET, UNE MICRO-CITADINE QUI N'EST AUTRE QU'UNE TOYOTA IQ REMODELÉE PAR SES SOINS.

En intégrant à son offre ce modèle qui n'émet pas plus de 120 g de CO2/km (quand ses V8 rejettent allégrement plus de 250 g/km, et ses V12 bien davantage), la marque s'attire les quolibets mais trouve une solution relativement économique aux contraintes réglementaires, puisque cela lui évite d'avoir à développer un modèle, ce dont elle aurait été de toute façon incapable.

Détail qui n'en est pas un, la Cygnet est facturée à partir de 38 250 € hors options, un tarif deux à trois fois supérieur au modèle qui fournit sa base technique, laquelle n'est en rien modifiée ! L'écart de prix est justifié par la centaine d'heures de travail nécessaire au rhabillage extérieur (calandre, partie arrière…) et intérieur de l'auto (console centrale, notamment, à quoi s'ajoute un large panel d'options pour une confection « à la carte »), réalisé à Gaydon chez Aston. Ce « coup de génie » marketing se traduira par la vente de… 150 exemplaires entre 2011 et 2013, quand la marque décidera d'arrêter les frais, loin de son objectif initial qui était d'en écouler 4 000 par an. L'affaire plombera sévèrement les comptes d'une firme qui n'était alors pas en très grande forme mais, et c'est heureux, n'en affectera pas trop durablement l'image. Les aficionados mettront ça sur le compte de l'humour anglais… On relève au passage que certains acheteurs, misant sur la rareté de l'engin, tentent désormais de céder leur Cygnet d'occasion à des prix égaux voire supérieurs à ceux du neuf, mais les annonces ont tendance à rester plusieurs semaines en ligne sur les sites Internet. Si vous envisagez de craquer, gardez à l'esprit qu'il s'agirait d'un placement à – très, très – long terme…

Le «deal» avec la Cygnet était clair: offrez-vous une Toyota pour le prix d'une Aston Martin. Sacrée affaire.

DACIA

SI L'AVENTURE DACIA EST UN SUCCÈS, LE PATRON DE RENAULT LOUIS SCHWEITZER SE SOUVIENT QU'IL AVAIT DÛ LEVER NOMBRE DE RÉTICENCES INTERNES PRÉALABLEMENT AU LANCEMENT DE LA LOGAN EN 2005.

« Beaucoup chez Renault étaient contre la Logan à cause du "toujours plus". C'est plus sexy d'aller vers le toujours plus beau, plus riche, plus de gadgets, etc. D'une certaine façon, Dacia était perçu comme le "toujours moins", à contre-courant de la tendance naturelle des services techniques, ingénieurs et commerciaux. Nos propres commerciaux disaient qu'on n'en vendrait pas ! », avait-il expliqué dans une interview accordée à *Marianne* en septembre 2012 (réalisée par l'auteur et C. Aubry).

Le lancement de Dacia est un succès à mettre à l'actif de Louis Schweitzer, l'ancien patron de Renault.

Quand se posa la question de l'organisation des essais presse de l'auto, Schweitzer rappelle que le service communication de la marque avait préconisé la Turquie, avec ces arguments : la Logan n'y voisinerait pas avec des véhicules trop modernes, les routes difficiles permettraient de mettre en exergue ses qualités, et il serait difficile d'y dépasser 150 km/h, allure à laquelle l'auto se montre bruyante. Bref, la voiture à bas coûts ne bénéficiait pas d'une aura extraordinaire chez Renault... Ce que Schweitzer constata aussi quand il s'agit de réaliser une présentation statique à la presse : la communication déconseillait d'organiser celle-ci au Technocentre de Guyancourt, afin que l'auto n'y paraisse pas hors-sujet car trop rustique. Schweitzer, au contraire, insista pour la solution du Technocentre, car il voulait signifier ainsi que tout le savoir-faire technologique de la marque était bien derrière l'auto. C'est la solution qui fut finalement retenue.

Et on connaît la suite, avec notamment le lancement de la Logan en France en 2005, au prix de 7500 € : « *Nous avons lancé Dacia en Europe de l'Ouest pour en contrôler les ventes, sinon les gens allaient acheter leur voiture directement en Roumanie !* », témoigne un cadre de l'entreprise.

Depuis, on a assisté à une croissance spectaculaire qui se poursuit à travers la planète. En dix ans, plus de 3,1 millions de Dacia se sont écoulées. La marque, présente dans 44 pays au 1er janvier 2015, a pour la première fois franchi le cap des 500 000 ventes en 2014, les Sandero et Duster assurant les deux tiers de ce résultat.

Au-delà, Dacia est devenue un petit phénomène de société, avec notamment l'organisation de grands pique-niques réunissant ses fans : on dénombrera près de 14 000 participants à celui de 2014, organisé en région parisienne ! En 2015, pour ses dix ans de présence en France, trois évènements figuraient au programme, avec des rassemblements au Zénith de Paris et au Zénith de Nantes, et à la Halle Tony Garnier de Lyon ! Parallèlement à ça, une véritable communauté s'est créée, avec plusieurs millions de fans Facebook dans le monde.

Le plus étonnant, face à un tel succès, est qu'aucun constructeur ne se soit encore placé sur le créneau du low-cost de qualité, qui n'est pas réservé aux seuls clients qui ont peu de moyens. ●

À l'heure du marketing triomphant, les Dacia réussissent justement parce qu'on en a pour son argent. Ni plus, et surtout, ni moins. À partir de 11 990 € en France, le Duster est un succès.

DAKAR

LA PLUS «PEOPLE» DES COMPÉTITIONS AUTOMOBILES EST BIEN SÛR LE PARIS-DAKAR, VÉRITABLE AIMANT À STARS DANS LES ANNÉES 80 ET 90 (PÉRIODE AFRICAINE, DONC).

On citera ainsi, pêle-mêle, Claude Brasseur (copilote de Jacky Ickx), Michel Sardou (copilote de Jean-Pierre Jabouille), Chantal Nobel (héroïne de la série Chateauvallon), Yves Rénier, Evelyne Dhéliat (alors speakerine), Gérard Lenorman, Caroline de Monaco (en camion) ou Albert de Monaco (en voiture).

Côté sportifs, on verra notamment Raymond Kopa, Jacques Anquetil, Michel Hidalgo, Christine «Kiki» Caron (natation), Frédéric Moncassin (cyclisme), Marie-Claire Restoux (judo) ou l'ancien rugbyman Christian Califano qui, courageux, le bouclera à moto (en Amérique latine, lui). Le grand skieur Luc Alphand remportera l'épreuve en 2006 (année où il se classera aussi 7ème aux 24 Heures du Mans), et terminera second en 2005 et 2007.

Les marins s'illustreront aussi dans les dunes, et notamment Loïck Peyron, Laurent Bourgnon et Philippe Monnet (victoire comme copilote de Jean-Louis Schlesser en 1992 et 1999).

On se souvient également de Mark Thatcher, fils d'une certaine Margaret, qui avait disparu pendant six jours dans le Sahara en 1982!

Jacky Ickx et Claude Brasseur remporteront le Dakar 1983 avec leur Mercedes 280 GE.

Le chanteur Daniel Balavoine prendra le départ comme concurrent en 1983, avant de trouver la mort dans un accident d'hélicoptère en 1986 aux côtés de Thierry Sabine, créateur du rallye.

Nicolas Hulot, bien avant d'avoir la révélation de l'écologie, s'est lui aussi aligné au Dakar: c'était en 1980, et il pilotait un fort glouton Range Rover V8. Yann Arthus-Bertrand, lui, se plaisait beaucoup sur une épreuve qu'il couvrira longtemps en tant que photographe.

JAMES DEAN

JAMES DEAN (1931-1955) TROUVERA LA MORT À L'ÂGE DE 24 ANS AVEC « LITTLE BASTARD », LA PORSCHE 550 SPYDER AU VOLANT DE LAQUELLE IL SE RENDAIT À UNE COURSE, SANS AVOIR EU LE TEMPS DE PROUVER L'ÉTENDUE DE SES CAPACITÉS DE PILOTE.

Celles-ci semblaient pourtant bien réelles à en juger par quelques résultats prometteurs obtenus lors de ses premières compétitions. On note qu'il avait habitude de dire que les moments les plus dangereux dans un week-end de course sont le trajet qui mène vers le circuit et celui du retour...

L'acteur était en tout cas un véritable passionné de bolides et de vitesse, sur deux ou quatre roues, et pas un simple frimeur.

Ses nuits, il n'aimait rien tant que les passer aux commandes de ses bolides sur Mulholland Drive, sur les hauteurs de Los Angeles, travaillant sans relâche à affiner ses trajectoires, freiner plus tard ou passer plus vite. Et oublier le reste. À une amie qui semblait s'inquiéter de ses préférences sexuelles, il écrira un jour « *La famille Dean vient de s'agrandir. Je viens d'acheter une MG 53 rouge. Mon sexe s'évade dans les courbes pleines, les descentes vertigineuses, les embouteillages... Tu as de la concurrence. Ma moto, ma MG. Ça marche entre nous, ma chérie...* » ●

Sur deux ou quatre roues, James Dean était un passionné de vitesse.

La Porsche 550 Spyder, voiture aussi belle que dangereuse. L'époque où l'on rejoignait les circuits par la route au volant de sa voiture de course.

CHARLES DE GAULLE

LE GÉNÉRAL DE GAULLE NE FAISAIT PAS PREUVE D'UNE GRANDE APPÉTENCE POUR LA CHOSE À QUATRE ROUES, BIEN QU'IL DOIVE PROBABLEMENT LA VIE À SA CITROËN DS.

Lors de l'attentat du Petit-Clamart, le 22 août 1962, c'est grâce à son exceptionnelle tenue de route (et l'habileté du chauffeur Francis Marroux) que l'auto poursuivit sa route malgré des pneus avant éclatés par les balles.

Descendant de la voiture mitraillée, le Général aurait déclaré *«Cette fois, c'était tangent... Ils tiraient comme des cochons !»* Un fait d'armes qui permit à la berline d'entrer dans la légende. Plus tard, inaugurant le salon de l'auto 1968, après avoir découvert l'Alpine A211 de course exposée sur le stand Renault, le Général demanda à Jean Rédélé : «*À quoi sert la course automobile ?*». Et le créateur d'Alpine de lui répondre «*À faire gagner la France, mon Général !*» Une réponse qui dut plaire. ●

Le Général et la DS, deux icônes du XXe siècle. La seconde «sauvera» la vie du premier.

D comme…

DÉLATION

AVEC LA MULTIPLICATION DES RADARS AUTOMATISÉS, IL ARRIVE DE PLUS EN PLUS FRÉQUEMMENT QU'UN CONDUCTEUR SE FASSE FLASHER, SANS INTERPELLATION AU BORD DE LA ROUTE, **AU VOLANT D'UNE VOITURE DONT IL N'EST PAS LE PROPRIÉTAIRE.**

C'est donc au titulaire de la carte grise, à qui est adressé le PV quelques jours plus tard, de décider s'il va ou non dénoncer le véritable fautif aux forces de l'ordre. Une pratique qui nous renvoie à certaines heures sombres de notre histoire, ainsi qu'aiment à le rappeler les avocats spécialisés dans la défense de l'automobiliste.

Et sans remonter jusque-là, on songe aussi aux bancs de l'école maternelle, où passer pour le cafteur n'est jamais très bien vu. Or, que l'on se rassure, la pratique de la délation n'est obligatoire que dans le cas de délits particulièrement odieux, dont les simples excès de vitesse ne font pas – ou pas encore – partie.
En effet, si vous avez prêté votre véhicule et avez les moyens de le prouver, vous pouvez contester sans dénoncer, en vertu de l'article 121-1 du Code pénal qui pose clairement que « *Nul n'est responsable que de son propre fait.* » La démarche doit s'appuyer sur des éléments concrets, comme la photo de l'infraction sur laquelle on ne vous reconnaît pas (à demander au Centre automatisé de constatation des infractions routières), et toute preuve attestant que vous ne pouviez vous trouver sur le lieu de l'infraction au moment dit. Quelles que soient les pressions que les forces de l'ordre tenteront d'exercer à votre encontre – et cela n'ira pas jusqu'à la garde à vue –, elles ne pourront en aucun cas vous forcer à révéler l'identité de la personne qui se trouvait au volant de votre véhicule. Si votre argumentaire est convaincant, vous ne serez pas considéré comme responsable pénalement, et la seule sanction consistera en un paiement de l'amende, sans perte de points. C'est d'ailleurs ce qu'il se passe généralement avec les voitures de société : l'entreprise paie l'amende, mais ne désigne pas forcément l'employé coupable. Ce qui explique aussi pourquoi le système automatisé enregistre beaucoup plus d'infractions qu'il ne retire de points de permis.

La délation en cas d'infraction routière n'est pas – ou pas encore – une obligation.

PATRICK DEMPSEY

COMÉDIEN ET PILOTE, LE HÉROS DE LA SÉRIE À SUCCÈS *GREY'S ANATOMY* S'EST DÉJÀ ALIGNÉ AUX 24 HEURES DU MANS (4E PLACE EN GTE AM EN 2013), 24 HEURES DE DAYTONA ET AUTRES BAJA 1000 (TOUT-TERRAIN).

Si les victoires (au moins de catégorie) se font encore attendre, la constance de l'engagement du garçon montre qu'il a la course dans la peau : « *J'aimerais faire du sport auto une priorité et m'y consacrer à plein temps. Je pourrais très facilement abandonner le métier de comédien pour me concentrer sur le pilotage, j'adorerais vraiment ça* », avait-il déclaré un jour lors d'une interview. En attendant, il possède sa propre écurie de course (Dempsey Proton Racing) avec laquelle il courait en 2015 l'ensemble de la saison du Championnat du monde d'endurance (WEC), au volant d'une Porsche 911 RSR. Au Mans 2015 – où François Hollande le saluera sans le reconnaître – l'acteur montera sur le podium de la catégorie GTE Am. ●

En 2016, Patrick Dempsey est devenu pilote semi-officiel Porsche. Belle reconnaissance.

De moins en moins acteur, de plus en plus compétiteur.

DICTATEURS (VOITURES DE)

EN MATIÈRE AUTOMOBILE, LES DICTATEURS ONT SOUVENT TROUVÉ CHEZ MERCEDES LES MEILLEURS ATTRIBUTS DE LEUR FONCTION.

Hitler avait ouvert le bal avec sa 770, mais c'est la 600, apparue en 1963, qui connaîtra la plus belle carrière en accueillant notamment les augustes postérieurs d'Idi Amin Dada, Pol Pot, Kim Il-Sung, Jean-Claude Duvalier (Baby Doc), Fidel Castro, Nicolae Ceaucescu, Jean-Bedel Bokassa ou Saddam Hussein (qui laissera la sienne en cadeau à Fidel Castro à l'occasion de sa venue au 6ème sommet des non-alignés à Cuba en 1979). À cette énumération ne prétendant pas à l'exhaustivité, ajoutons tout de même les Rolls-Royce prisées par Lénine, notamment une Silver Ghost montée sur chenilles, système développé par le français Adolphe Kégresse. Staline goûtera également les charmes des productions britanniques, avant de décréter qu'il lui faudrait se déplacer dans une voiture de fabrication soviétique. En 1936 naîtra donc la ZIS 101, qui puisait directement son inspiration chez les Packard américaines. Quant à Mussolini, il récupèrera un modèle unique construit en 1937 sur base Alfa Romeo par le carrossier milanais Castagna pour le roi d'Italie Victor-Emmanuel III. Cette voiture a été rachetée à l'état de quasi-épave en juin 2014 par un musée russe.

Mais le champion toutes catégories est le Colonel Kadhafi qui, en septembre 2009, pour fêter le quarantième anniversaire de son accession au pouvoir, avait tenu à présenter au monde sa vision de l'automobile du futur, de sa main dessinée.

La Rocket aurait été dessinée par le Colonel Kadhafi. Un chef d'œuvre.

La Rocket, dont les prototypes ont été fabriquées par un bureau d'études italien, recelait sous son capot pointu un V6 de 230 ch, puissance que d'aucuns jugeront un peu juste pour propulser avec aisance les 1860 kg d'ensemble. L'auto se voulait innovante en termes de sécurité avec un pare-choc bélier censé se déployer instantanément en cas de choc, un airbag géant protégeant tout l'habitacle, ou bien encore des pneus increvables. Évidemment, le prix alors envisagé – 2 millions € – devait être considéré à l'aune des prestations annoncées... La chute de Kadhafi en 2011 ne laissera pas le temps à cette petite merveille de voir le jour, mais s'il y a une morale à retenir de cette histoire, c'est que créateur d'automobiles est un métier. Quant à dictateur...

RUDOLF DIESEL

ON NE CONNAÎTRA PROBABLEMENT JAMAIS L'EXACTE VÉRITÉ SUR LES CIRCONSTANCES DE LA DISPARITION DE L'INGÉNIEUR ALLEMAND (MAIS NÉ À PARIS EN 1858) RUDOLF DIESEL, INVENTEUR DU MOTEUR DU MÊME NOM, DISPARU DANS LA MANCHE DANS LA NUIT DU 29 AU 30 SEPTEMBRE 1913.

Selon la version officielle, il était un homme fatigué par le succès de sa création et par le travail que cela exigeait, ce qui avait de terribles conséquences sur sa santé.

Ceci l'aurait conduit à se jeter à l'eau en pleine nuit depuis le vapeur Dresden, à bord duquel il avait embarqué à Anvers pour se rendre à Londres où il avait rendez-vous pour affaires.

Tout ce que l'on sait est qu'il se retira dans sa cabine après avoir dîné avec ses collaborateurs, et qu'il manquait à l'appel le lendemain. Sa cabine était vide, et il n'avait même pas dormi dans son lit. Son corps ne fut retrouvé flottant que dix jours plus tard en mer, en état de décomposition avancée. Si bien que sa dépouille ne fut même pas hissée à bord : on retira ses effets personnels, ce qui permit plus tard son identification par son fils, et le corps fut laissé en mer.

Pour les partisans de la théorie du complot, Rudolf Diesel aurait en réalité été éliminé par les services secrets allemands qui, alors que le pays s'apprêtait à entrer en guerre, redoutaient que ce pacifiste choisisse de mettre son savoir-faire au service de la couronne britannique, tandis que les tensions internationales allaient croissantes. Les militaires étaient en effet séduits par ces motorisations qui, en propulsant leurs sous-marins, pourraient leur assurer la suprématie maritime. Et dans un tel contexte, il est vrai que la vie d'un homme ne vaut plus très cher...

Toutefois, à en croire l'une des biographies qui lui ont été consacrées, il semble qu'avant de partir, Rudolf Diesel avait donné à sa femme une sacoche à n'ouvrir que quelques jours plus tard. Celle-ci contenait une forte somme d'argent liquide, mais aussi des papiers indiquant que les comptes en banque étaient proches de zéro. L'hypothèse du suicide, si elle est moins romanesque, apparaît donc probablement plus proche de la réalité.

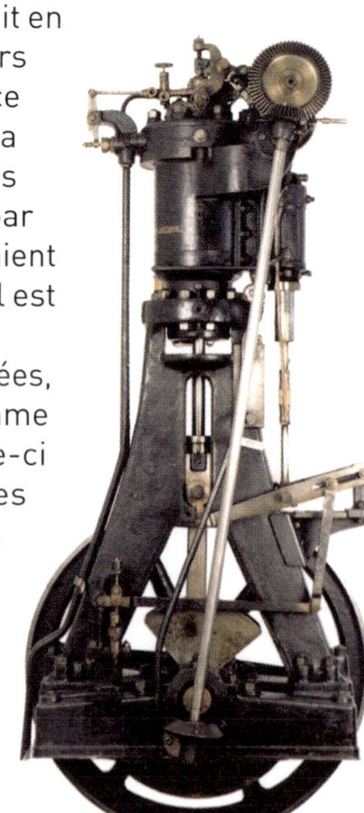

Les premiers moteurs Diesel intéressaient les militaires, notamment pour propulser les sous-marins.

DIEU

À PRIORI, AUTOMOBILE ET RELIGION CATHOLIQUE SONT DEUX DOMAINES AUX ANTIPODES L'UN DE L'AUTRE. POURTANT, ÇÀ ET LÀ, DES LIENS SE CRÉENT, PEUT-ÊTRE INFLUENCÉS PAR SAINT CHRISTOPHE…

Le samedi 4 juin 1988, le pape Jean Paul II visite les usines Ferrari et termine par une bénédiction et un tour d'honneur à bord d'une Mondial cabriolet. Quelques années plus tard, en janvier 2005, une délégation menée par le patron de la marque, Luca di Montezemolo, accompagné notamment par l'équipe de F1 (dont Jean Todt, Michael Schumacher et Rubens Barrichello), sera reçue par Jean Paul II au Vatican.

À cette occasion, le pape se verra remettre une maquette de la F2004 championne du monde : « Cultivez et diffusez les valeurs sportives qui vous unissent, et vous contribuerez ainsi à une société plus juste et plus unie », avait dit le pape avant de bénir l'assistance.

Puis en décembre de la même année, Benoit XVI recevra Montezemolo pour une audience privée. Ces relations privilégiées avec le Vatican expliqueraient-elles les divines performances des voitures rouges ?

Moins rapide que la F1, certes, mais tout aussi engagée, la Padre Cup, course de karting réservée aux hommes d'église (et à laquelle peuvent participer leurs ouailles une année sur deux), prend peu à peu de l'ampleur. La première édition a eu lieu en 2008, à l'initiative de prêtres du diocèse de Versailles, et l'évènement rassemble les représentants de paroisses de France et de Belgique. Originalité de l'épreuve, courue sur le circuit Jean-Pierre Beltoise à Trappes (78) et à laquelle assistent plusieurs centaines de spectateurs, elle est précédée d'une messe. De plus, une prière collective est prévue entre les essais et la course, laquelle permet de récolter des fonds pour des associations. Toutefois, la Padre Cup reste une compétition : les premiers sont les premiers, et les derniers… les derniers !

Plus bucolique : chaque dernier dimanche de juillet, à Saint-Christophe-sur-Guiers, en Isère, le curé bénit les automobilistes et les instruments qui sont à leur service (les voitures, donc). Une tradition qui remonte aux années 50, et dont le succès ne se dément pas. La cérémonie est ouverte chaque année par une statue en bois de saint Christophe, juchée sur le toit d'un modèle de collection. Et nous ne résistons pas à l'envie de vous livrer un extrait du texte de la bénédiction :

« *Ô Dieu, daigne répandre ta bénédiction sur ces voitures, œuvre de l'intelligence et du travail des hommes.*

Fais qu'elles soient des instruments dociles à leur service (...)

Accorde à celles et ceux qui les utiliseront le calme, la patience, le sang-froid, le respect du droit des autres, le pardon des offenses.

Donne-leur la santé de l'âme et la protection du corps... »

Précisons qu'une cérémonie du même genre se tient aussi le 15 août plus au sud, à Tonneins (47), à proximité de la petite chapelle privée érigée au milieu du bois de Vénès, officiellement désignée comme « chapelle nationale des voitures anciennes ». Là, ce sont tous les moyens de locomotions anciens qui sont à l'honneur : voitures, bien sûr, mais aussi motos, camions ou tracteurs. Idem début juillet à Saint-Christophe-de-Jamet, dans la Sarthe.

Au fait, saviez-vous qu'il existe aussi des édifices religieux dédiés à l'automobile ? Le plus imposant est l'église Saint-Christophe-de-Javel, édifiée entre 1926 et 1930 dans le XVe arrondissement de Paris. Sur la voûte du chœur, une grande fresque vante les progrès des moyens de transport moderne comme le train, l'avion, le bateau, et bien sûr l'automobile. Les vitraux ont été financés par André Citroën, dont les usines étaient toutes proches. En façade, on voit notamment le Christ protégeant l'automobiliste. Et à Fontenay-sur-Loing (Loiret), sur la Nationale 7, on trouve Notre-Dame-de-la-Route. Une chapelle édifiée en 1954 par l'abbé Georges Preux et qui veille sur les automobilistes. Ses vitraux reprennent les armes des villes traversées par la nationale Paris-Côte d'Azur.

Mais au fait, qui était saint Christophe ? On sait en réalité peu de choses sur Christophe de Lycie, qui est couramment représenté portant un enfant sur son dos pour lui faire traverser une rivière. Selon la légende, celui-ci se montra de plus en plus lourd à mesure qu'ils avançaient, avant de se révéler être le Christ, aussi lourd que le monde qu'il avait créé.

«*Christophoros*», en grec, signifie ainsi « porte Christ ». Avant d'être le patron des automobilistes, Christophe était censé protéger de la mort subite, laquelle va souvent de pair avec les accidents de voiture. Saint Christophe est le patron des voyageurs, ce qui explique pourquoi de nombreux automobilistes utilisent un porte-clés le représentant, ou conservent une médaille à bord. Il est fêté le 25 juillet.

DROITE (L'AUTOMOBILE EST-ELLE DE… ?)

À DROITE, L'AUTOMOBILE ? TOUT PORTE À LE CROIRE. À L'ASSEMBLÉE NATIONALE, LORS DE LA LÉGISLATURE 2007-2012, SUR 70 DÉPUTÉS MEMBRES DU GROUPE D'ÉTUDES SUR L'AUTOMOBILE, CENSÉ FLUIDIFIER LES RAPPORTS ENTRE CONSTRUCTEURS ET POUVOIRS PUBLICS, **47 APPARTENAIENT À L'UMP ET AU NOUVEAU CENTRE, SOIT 67,1%.** ET MALGRÉ LE CHANGEMENT DE MAJORITÉ PARLEMENTAIRE EN 2012, **LES DÉPUTÉS UMP ET UDI DEMEURENT MAJORITAIRES DANS CE GROUPE.**

Il semble que la droite noyaute fortement les questions liées à l'automobile, poursuivant une tradition qui remonte aux débuts de cette industrie.

« Dès ses origines, l'auto se classe à droite dans la mesure où il s'agit d'un milieu d'ingénieurs, qui sont souvent des gens assez conservateurs », explique Jean-Louis Loubet, professeur à l'université d'Evry et historien spécialiste de l'automobile. On trouvera confirmation de ce penchant tout au long du XXe siècle, principalement du côté de chez Peugeot. Dans les années 70, le directeur du personnel chez Peugeot est le général Feuvrier, que l'on classerait aujourd'hui à la droite de la droite, et de sulfureux fumets percent alors. On se souvient ainsi du livre de Claude Angéli sur les « milices patronales » de chez Peugeot et dont l'accroche était : «*On peut être patron, PDG, polytechnicien, ingénieur des Mines, couvert de diplômes… et employer à temps complet des casseurs, des proxénètes et des tueurs.* » Violent ! Du côté de Citroën, on n'est pas en reste : le constructeur héberge dans les années 60 et 70 la CFT (Confédération française du travail), organisme « casse-grève » soutenu par la direction, et auquel il est alors de bon ton d'adhérer si on veut progresser dans l'entreprise. La CFT compte parmi ses membres de nombreux gros bras venus des usines Simca de Poissy, qui s'opposent souvent extrêmement violemment aux grévistes soutenus par la CGT. Pas franchement progressistes, les chevrons d'alors!

1919 1959 1985

PEUGEOT : À TRIBORD !

1925 1936 1998

Il s'agit néanmoins d'exemples extrêmes qui, s'ils appartiennent à des pratiques révolues, témoignent d'un réel ancrage politique. Pierre Moscovici, commissaire européen et ex-député PS du Doubs, en fera l'expérience en 1997 : *« Lors de ma première campagne législative, les tracts du candidat RPR étaient imprimés au sein même de l'usine Peugeot. Le constructeur soutenait ouvertement mon adversaire. »* À l'époque, la droite locale moque Moscovici qui ne possède pas le permis de conduire (il ne l'a toujours pas, d'ailleurs). Cela ne l'empêchera pas d'entrer à l'Assemblée, et plus tard de devenir président de la communauté d'agglomération du Pays de Montbéliard. Ce qui l'a conduit à créer fin 2009 l'Association des collectivités sites d'industrie automobile (Acsia), qui regroupe des élus locaux dont les territoires comptent des sites de production. À l'époque, presque toutes les collectivités dans lesquelles sont implantées des sites de production automobile sont dirigées par des élus de gauche. Le but est de faire entendre la voix des territoires du côté des constructeurs et des pouvoirs publics, pour mieux s'impliquer dans l'élaboration des politiques industrielles nationales.

RENAULT : LA GAUCHE MONDIALISÉE

1923 1946 1992

Après la droite, ce serait donc au tour de la gauche de préempter l'automobile ? *« Il y a appropriation par la droite de questions qu'elle ne dirige plus. L'image droitière de cette industrie est une survivance d'une époque dépassée, quand les groupes avaient un réel engagement politique. Ils sont aujourd'hui bien plus neutres »*, tranche l'élu PS. D'ailleurs, avec Renault, l'automobile roulait aussi à gauche ! La mutation remonte à la fin de la Deuxième Guerre Mondiale, avec la nomination de Pierre Lefaucheux à la tête de la régie Renault, puis de Pierre Dreyfus qui lui succèdera de 1955 à 1975, tous deux à gauche. Dreyfus sera même ministre du gouvernement Mauroy en 1981-82.

Directement contrôlée par l'État, l'ex-régie attire d'ailleurs plus un électorat populaire et de gauche. Autre homme classé à gauche, l'emblématique Louis Schweitzer, qui présidera aux destinées du Losange entre 1992 et 2005, après avoir été directeur de cabinet de Laurent Fabius de 1981 à 1986. Il expliquera toutefois un jour à *Libération* ne pas comprendre la notion de «patron de gauche» : «*On peut être patron et de gauche. Que je sache, Engels était un patron, non? Il n'y a malheureusement pas trente-six façons de diriger une entreprise.*» Ce qu'il confirmera notamment quand il décidera de fermer l'usine belge de Vilvorde en 1997. Cette même année, son homologue Jacques Calvet tentera l'aventure politique après quitté la tête de PSA Peugeot-Citroën, en étant candidat RPR malheureux dans une circonscription des Hauts-de-Seine.

Et si, du côté de la gauche et (surtout) des Verts, notamment à Paris, on se plaît à défendre le vélo face à une droite qui serait pro-automobile, la réalité apparaît plus contrastée: «*L'automobile est un enjeu politique fort, qui concerne la qualité de la vie. On sait qu'elle pollue, mais elle contribue en même temps au développement économique des villes. Il s'agit de favoriser l'utilisation de moyens de transports plus propres et moins encombrants*», plaide un député UMP parisien.

LE BUSINESS AVANT TOUT

On le voit, un certain consensus commence donc à émerger autour de l'automobile. Et ce alors même qu'elle se situe au carrefour d'enjeux sociaux, sociétaux, économiques et écologiques. Côté industrie, le dépolitisation fait son œuvre. À l'intérieur des entreprises, le climat social s'est considérablement radouci, avec un personnel qui ne se syndique plus guère. Le travail reste difficile, mais l'automatisation des tâches les plus pénibles a calmé bien des revendications. Même constat en haut de l'échelle : si Schweitzer était de gauche, Ghosn n'a aucune couleur politique.

Renault ou PSA sont des constructeurs mondialisés, ce qui transcende les clivages politiques nationaux. Il n'empêche. PSA, qui avec Renault avait bénéficié en 2009 de prêts de l'État de 6 milliards € (3 milliards pour chaque groupe) pour les aider dans la crise financière, se sera démené pour solder sa dette dès 2011 alors qu'il avait jusqu'à 2014 pour le faire. Question de fierté ? Pas seulement : «*S'ils ont remboursé aussi vite, c'est aussi parce qu'ils ne voulaient surtout rien devoir à l'État. Dans une certaine mesure, ils restent hantés par le spectre d'une nationalisation, comme en 1981 quand la gauche était arrivée au pouvoir*», s'amuse Jean-Louis Loubet. Et on imagine bien les grincements de dents quand, au printemps 2014, il a fallu se résoudre à officialiser l'entrée de l'État français au capital de PSA à hauteur de 14%. Mais là, il était question de survie pour le vénérable groupe qui, très affaibli, risquait de passer sous bannière chinoise. «*La logique de voir l'État co-actionnaire est je crois très appréciée par le personnel, les banques qui nous financent et l'ensemble des entreprises*», déclarera même Robert Peugeot, membre du conseil de surveillance de PSA au micro d'Europe 1. Les clivages d'hier semblent sont définitivement oubliés, du moins en apparence.

BERNIE ECCLESTONE

MALGRÉ SON ÂGE (IL EST NÉ EN 1930), **LE GRAND PATRON DE LA F1 RESTE UNE FIGURE DU MONDE DU SPORT.**

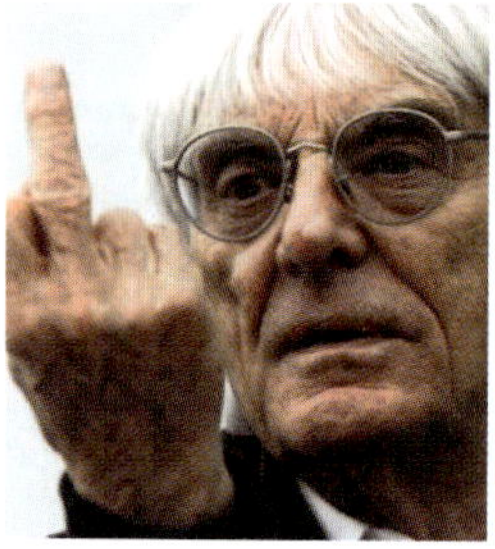

Il exerce une véritable fascination, tant parce qu'une rumeur persistante le désigne comme le « cerveau » de l'attaque du train postal Glasgow-Londres en 1963 – ce qu'il dément (même s'il conserve une maquette du train dans son bureau) – que par son sens des affaires, qui lui a permis de transformer la Formule 1 en un incroyable business et fait de lui l'un des hommes les plus riches de Grande-Bretagne. Il est aussi réputé pour son sens de la formule et des déclarations qui font mouche, et souvent ont suscité la controverse (pour son plus grand plaisir). *Best of* :

À propos de l'attaque du train postal Glasgow-Londres en 1963, longtemps considérée comme « le casse du siècle », et dont la rumeur veut qu'il en ait été le cerveau :

> *« Il n'y avait pas assez d'argent dans ce train. J'aurais fait mieux que ça. Je pense que cette rumeur vient de ce que je connaissais Roy James, un pilote de course qui conduisait la voiture avec laquelle les voleurs se sont échappés. Il était très ami avec Graham Hill, et quand il est sorti de prison en 1975, il m'a demandé de lui trouver un travail. Je n'allais pas le prendre comme pilote chez Brabham. Mais comme il avait une formation de fondeur, je lui ai demandé de créer des trophées pour la F1. Et c'est toujours ce trophée que l'on remet aux promoteurs de Grand Prix chaque année.»*

À propos de la démocratie :

> *« Je préfère les leaders forts, car la démocratie n'a pas fait grand bien à beaucoup de pays. Les politiciens ne pensent qu'à leur réélection, ils veulent faire plaisir à tout le monde et sont donc dans le compromis permanent. »*

À propos de Vladimir Poutine :

> *« C'est une personne de grande qualité. Je l'ai toujours soutenu. Il pourrait contrôler l'Europe ou les États-Unis, c'est dans ses cordes, mais il a déjà beaucoup de travail. Laissons-le finir ce qu'il a à faire, et on verra. »*

À propos de Danica Patrick, pilote d'IndyCar et Nascar, dont on évoquait une éventuelle venue en F1:

> *« J'ai une idée… Les femmes devraient être habillées en blanc, comme tous les appareils électroménagers. »*

Sur la question de la venue d'une femme en Formule 1:

> *« J'adorerais voir arriver LA fille. Elle serait noire, très belle, de préférence musulmane ou juive. Et hispanophone. »*

À propos de la disparition d'Ayrton Senna :

> *« La publicité générée par sa disparition, c'était dingue… Et c'était bon pour la F1 ! »*

À propos du mariage de l'une de ses filles :

> *« J'ai fait quelque chose qui me dérange profondément. J'ai dû la donner. J'aurais préféré la vendre. »*

À propos du fait que sa fille Tamara ait posé nue dans *Playboy* :

> *« Je n'y ai rien trouvé à redire. Non, cela ne m'a pas du tout dérangé. »*

ENGLAND !

IL EXISTE DEUX FAÇONS D'ASSOCIER L'AUTOMOBILE À L'ANGLETERRE.

La première se compose de Vauxhall Vectra tractant paisiblement une caravane, de retraités roulant dans des breaks Volvo de couleur rouge, ou bien encore de voitures aussi improbables que la Reliant Robin (à trois roues), le tout évoluant, comme chacun sait, « du mauvais côté de la route ».

Route qui présente l'inconvénient d'être placée sous l'étroite surveillance des Gatso, ces radars automatiques qui fleurissent outre-Manche depuis 1992, soit une décennie avant les nôtres.

Et il y a l'autre Angleterre. Celle qui vibre aux jappements d'un bouillant V8 ou au feulement d'un majestueux V12. L'Angleterre de Rolls-Royce, de Jaguar, de Land Rover et de Bentley. L'Angleterre qui a « inventé » la Formule 1 (le tout premier Grand Prix s'est couru à Silverstone en 1950), et où la plupart des grandes écuries sont aujourd'hui installées. L'Angleterre qui se taille – et de loin – le plus beau palmarès de l'histoire de la F1: 10 titres au total pour les pilotes, depuis Mike Hawthorn en 1958, contre 3 au Brésil et à la Finlande, qui complètent le podium. L'Angleterre d'où viennent les spectateurs les plus « enragés » des 24 Heures du Mans, ceux que l'on voit planter leurs tentes sur l'herbe à côté de leur Aston Martin, pour dormir à proximité du circuit. Et l'Angleterre qui, pêle-mêle, nous a offert Mini, TVR, Triumph, MG, la Jensen FF, ainsi que l'incroyable *Festival of speed* de Goodwood, pèlerinage que tout amateur éclairé (ou se présentant comme tel) d'automobile se doit d'accomplir un jour. Au rayon des personnalités, l'on citera simplement Colin Chapman, dont les Lotus étaient conçues selon le fameux principe du *« light is right »*, le fantasque pilote James Hunt, ainsi que le sémillant Bernie Ecclestone, grand manitou de la F1.

Jensen aura signé certaines des plus belles productions britanniques. Et par la même certaines des voitures les moins fiables du monde.

MOTOR COUNTRY

Pour toutes ces raisons, on peut dire que l'Angleterre est le pays de l'automobile. Loin devant tous les autres. Sans être doté, paradoxalement, ni du génie industriel allemand, ni de la créativité qui caractérise souvent la production française, ni du sens du style que l'on envie souvent aux Italiens.

D'ailleurs, aucune marque nationale historique n'existerait encore sans aide extérieure : Rolls et Mini ont survécu grâce à BMW, Bentley grâce à Volkswagen, tandis que Jaguar et Land Rover battent pavillon indien depuis la prise de contrôle de Tata Motors, ce qui leur réussit d'ailleurs fort bien. Quant à Aston Martin, il faut espérer que l'accord signé avec Mercedes pour la fourniture de moteurs AMG se prolongera par une prise de participation plus importante du groupe allemand.

Mais l'Angleterre, c'est aussi et surtout le pays des fameux « petits artisans » qui, dans leurs garages-ateliers au fin fond de la campagne du Surrey ou du Devon, mitonnent les voitures les plus folles, qu'une législation routière particulièrement libérale permet ensuite de lancer sur les routes, au même titre que les paisibles berlines évoquées au début de cet article. Des voitures qui, chez nous, provoqueraient instantanément une syncope à un agent de l'UTAC (organisme chargé de l'homologation). On pense ainsi à la Bac Mono, une monoplace (un peu) carrossée et dotée de phares, propulsée par un 4 cylindres de 280 ch. Ce qui, vous en conviendrez, est plus que suffisant pour propulser un engin de 460 kilos. Chez Brooke, la barquette biplace RR, dont les lignes rappellent celles des F1 des années 60, affiche de 200 à 400 ch selon la motorisation choisie, là encore pour moins de 500 kilos ! Toujours du côté des extrêmes, la spectaculaire Caparo T1 s'apparente à une F1 - très - court vêtue (les roues sont couvertes par un semblant de carrosserie). Normal, pour une voiture développée par des anciens de l'écurie McLaren. Un chiffre ? 2,5 secondes suffisent pour passer de 0 à 100 km/h, soit un temps inférieur à celui que vous avez mis pour lire cette phrase. L'on pense aussi à la Noble M600, coupé doté d'un V8 de 650 ch et à peu près dépourvu de toute aide à la conduite, ce qui a donné quelques chaleurs à Jeremy Clarkson dans une mémorable séquence de l'émission *Top Gear*. Une voiture pour *« driver »*, mais pas vraiment du genre gentleman, donc.

FULL POWER

Jaguar n'ayant pas ressuscité la Type E, Lyonheart s'y est attelé.

Dans un registre plus élégant, l'un des meilleurs « petits producteurs », pour emprunter ici un terme à l'œnologie, s'appelle Eagle. Il s'est spécialisé dans la restauration de Jaguar Type E, qu'il peut améliorer en les dotant de nombreux éléments modernes (air conditionné, injection, direction assistée, etc.). Parmi ses chefs d'œuvres, la Low Drag GT, un coupé Type E à la carrosserie entièrement reconditionnée, avec construction aluminium, pour un résultat aussi sportif qu'élégant, à couper littéralement le souffle. Son tarif ? Comme on dit chez Rolls, si vous demandez le prix, c'est le signe que celui-ci se situe au-dessus de vos moyens... Toujours dans la veine de la Type E, citons Lyonheart, qui s'est fixé pour objectif de ressusciter la Type E en en préservant assez fidèlement l'allure générale, mais en dotant sa création de toutes les solutions techniques modernes (châssis aluminium, carrosserie en fibre de carbone, amortissement piloté, V8 compressé de 575 ch préparé chez Cosworth, pour une vitesse maximale de 300 km/h). Malgré un tarif de base de 360 000 €, 250 exemplaires devraient être fabriqués, au lieu des 50 initialement prévus. Dans l'esprit « anciennes neuves », Cropredy Bridge modernise l'élégantissime Jensen Interceptor, de façon à la rendre utilisable au quotidien (ou presque). À des prix qui, là encore, peuvent s'envoler. Impossible de dresser ici un inventaire complet. Citons tout de même, pour la bonne bouche, la Radical SR8-RX, une barquette taillée pour les 24 Heures du Mans... et elle aussi homologuée pour un usage routier. Autant de véhicules qui ne sont pas près de franchir le Channel. Et, si l'on pense à la Keating TKR, cela vaut peut-être mieux dans la mesure où la bête revendique une vitesse de pointe de... 483 km/h ! Impossible à vérifier, sauf sous la menace d'une arme (et encore). Finalement, on préfère que ces « choses » ne soient pas homologuées en France.

Les performances de la «Jamais contente» avaient environ 100 ans d'avance.

FÉE ÉLECTRICITÉ

EN 1899, LA CÉLÈBRE «JAMAIS-CONTENTE», PILOTÉE PAR LE FRANÇAIS CAMILLE JENATZY, **EST LA PREMIÈRE VOITURE À FRANCHIR LA BARRE DES 100 KM/H.**

Ce sera longtemps le seul fait d'armes technologique et sportif dont pourra s'enorgueillir la voiture électrique, méthodiquement supplantée par sa cousine thermique, tellement plus pratique à l'usage, dans les décennies qui suivront.

Toutefois, les choses semblent vouloir changer et, à en croire de nombreux constructeurs qui nous l'annoncent salon après salon depuis 2009 et le «coming out» électrique de Carlos Ghosn, patron de Renault, au salon de Francfort, l'électrique serait enfin en passe de constituer une alternative crédible.

En attendant, les Français semblent encore difficiles à convaincre. En 2015, sur 1 917 220 million de voitures particulières neuves, on n'a dénombré que 17 266 modèles électriques (dont 5 970 Renault Zoé) : même si ce chiffre est en progression, les voitures électriques ne représentent encore que 0,59% du marché hexagonal. Pas encore complètement ringarde, la voiture à pétrole !

Les freins au développement de l'électrique sont les mêmes depuis toujours : temps de charge démesurément long et autonomie réduite, soit pour une Renault Zoé jusqu'à 9 heures pour «faire le plein» à domicile, pour une autonomie comprise entre 150 et 180 km en circulation périurbaine, valeur variable selon la température extérieure et le recours ou non aux systèmes électriques du tableau de bord.

Mignonne et agréable à conduire cette Renault Zoé. Mais 8 à 10 heures pour faire le plein.

Ainsi, bien que ces voitures soient en mesure de satisfaire les besoins quotidiens de la plupart des Français, difficile de passer le cap psychologique de l'acquisition d'une automobile qui risquerait de devenir anti-mobile le jour où l'imprévu survient (besoin d'aller aux urgences en pleine nuit, par exemple). BMW l'a bien compris, et propose en option un petit moteur thermique d'appoint sur son – onéreuse – i3 : au moins on est certain de toujours pouvoir démarrer quand on en a besoin !

Au-delà, certains experts s'interrogent sur le bien-fondé économique et écologique de la voiture électrique. Parmi leurs arguments : le déploiement d'un réseau de bornes de recharge accélérées qui coûte cher à l'État (objectif : 7 millions de bornes à l'horizon 2030), des économies d'énergie qui pourraient être nettement supérieures à celles d'une réhabilitation du logement ancien, et la nécessité d'alimenter (pas en France, mais dans d'autres pays d'Europe) des centrales à charbon qui émettent énormément de ce CO2 contre lesquels les moteurs électriques sont justement censés lutter.

La BMW i3 dispose d'un moteur thermique «de secours». Malin... mais hors de prix.

Et pendant ce temps, les motorisations essence progressent à pas de géant, avec d'excellentes performances qu'accompagne un appétit de plus en plus réduit. Quant aux motorisations mixtes essence/électricité, elles permettent déjà quelques prouesses : Porsche propose ainsi une Cayenne hybride rechargeable capable de rouler une trentaine de kilomètres en agglomération en mode 100% électrique, et dont la consommation réelle s'établit à 8 l/100 km de sans plomb dans le cadre d'une utilisation combinée ville/route. Ce qui reste peu, pour une voiture de 2,3 tonnes et pouvant dépasser 240 km/h. Ces caractéristiques feront probablement sourire dans une vingtaine d'années, mais dans le contexte actuel elles démontrent à leur manière que finalement, oui, l'électricité est très probablement l'avenir de l'automobile. En complément du moteur thermique plutôt qu'en remplacement, en vertu de ce paradoxe selon lequel une voiture doit posséder deux moteurs pour consommer moins.

Le Porsche Cayenne Plug-in hybrid, un 4x4 aux performances de sportive et capable de rouler sans polluer en agglomération.

FEMMES

PAS FAITES POUR CONDUIRE, LES FEMMES ?

Laissons la parole aux professionnels : « *Nous ne notons pas de différence entre hommes et femmes, tant en termes de fréquence que de gravité des accidents. Femme au volant-mort au tournant, ça ne se vérifie tout simplement pas…* », explique un responsable de la Maif (3,5 millions de véhicules assurés).

Dès la fin du 19e siècle, des femmes conduisaient en France. Dans certains pays, ça leur reste interdit.

Ce que confirment les chiffres de la Sécurité routière : ces dames représentent seulement le quart des tués et le tiers des blessés sur la route, tandis que 92% des conducteurs impliqués dans un accident corporel ou mortel avec un taux d'alcoolémie positif sont des hommes… Bref, ainsi que le résume la Fédération française des sociétés d'assurance, « *le niveau de risque est plus élevé chez les hommes que chez les femmes* »… Et pour le clin d'œil, on relèvera que l'Arabie Saoudite, seul pays au monde où les femmes sont interdites de volant, fait aussi partie des 10 pires au monde en matière de mortalité routière (sources : Banque mondiale et Rapport 2013 de l'OMS). Vraiment faits pour conduire, les hommes ?

Par ailleurs, plusieurs femmes sont entrées dans l'histoire de l'automobile. Citons par exemple la duchesse d'Uzès (1847-1933), qui sera la première femme titulaire du « certificat de capacité » pour la conduite des véhicules, ce qui représentera un symbole fort pour l'émancipation féminine. Pour l'anecdote, on se souvient aussi qu'elle a été la première femme à être verbalisée pour excès de vitesse, en juillet 1898 : 15 km/h au lieu des 12 km/h autorisés, ce qui fait sourire aujourd'hui (même si on peut s'interroger sur la fiabilité d'un tel relevé de vitesse). Autre pionnière, Camille du Gast qui en 1901 est la première femme à participer à une course automobile, en l'occurrence le Paris-Berlin.

Une femme libre, ce que résume une célèbre photo d'elle, souriante et clope au bec, au volant de son bolide. Plus récemment, l'américaine Danica Patrick restera comme la première femme à remporter une course en IndyCar (monoplaces américaines), à quoi s'ajoutera une troisième place aux 500 miles d'Indianapolis en 2009. Sa compétitivité au plus haut niveau démontre avec brio que, pour qui en douterait, les femmes ont toute leur place dans des univers masculins. Ce qu'avait déjà démontré Michèle Mouton, vice-championne du monde des rallyes en 2003, présidente de la commission femmes à la FIA, qui se dit quant à elle plutôt hostile au féminisme et à la parité – « *Pourquoi imposer une moitié de femmes ? Pourquoi pas plus ? Pourquoi pas moins ?* » – et s'attache à promouvoir le talent, quel que soit son genre.

Danica Patrick

ENZO FERRARI (1898 - 1988)

MIEUX QU'UN LONG PORTRAIT, CE SONT SES CITATIONS QUI PERMETTENT D'ESQUISSER LES CONTOURS DE LA FORTE PERSONNALITÉ D'ENZO FERRARI.

Il considérait en effet les voitures de route comme un mal nécessaire, une façon de financer les activités de la Scuderia. Avec une production annuelle qui reste volontairement limitée à environ 7000 exemplaires, l'entreprise est d'ailleurs restée minuscule en termes de volume industriel... en même temps que l'une des plus prestigieuses et rentables au monde ! Mais laissons la parole au Commendatore, dont le sens de la formule était réputé, pour un top 10 forcément subjectif, forcément incomplet :

« Nous produisons moins de voitures que nous n'avons de clients. »

Dès les années 60, le patron avait compris qu'une pénurie bien entretenue permettait de valoriser les produits.

« Lamborghini, vous savez conduire des tracteurs mais vous ne saurez jamais conduire une Ferrari. »

Lassé des problèmes récurrents de sa propre Ferrari, l'industriel et exploitant agricole Ferrucio Lamborghini proposera très sérieusement à Enzo Ferrari de monter un embrayage issu de celui de ses tracteurs sur les voitures au cheval cabré. Piqué au vif par la réaction méprisante du Commendatore, il décidera de lancer sa propre marque de voitures de sport...

« L'aérodynamique est une science nécessaire pour ceux qui ne savent pas faire de moteurs. »

Une belle formule, prononcée par un homme dont l'un des plaisirs était d'écouter ses V12 « chanter » quand ils étaient installés sur les bancs d'essais, mais toutefois démentie par les faits : on estime aujourd'hui que 80% de la performance d'une Formule 1 est assurée par l'aérodynamique, qui permet notamment de faire la différence dans les parties sinueuses.

« Moi, au moins, mes voitures ne fument pas. »

Des propos tenus alors que les cigarettiers commençaient à sponsoriser les écuries britanniques dans les années 70, et qui traduisaient surtout une bonne dose de mauvaise foi. Au mitan des années 80, Marlboro apparaîtra sur les flancs des F1 rouges pour ne plus les quitter... Aujourd'hui, Philip Morris international est l'un des principaux partenaires de la Scuderia.

« La plus belle voiture est celle qui gagne. »

« Ce qui est derrière vous n'a pas d'importance. »

Une remarque valable en compétition, bien sûr, mais aussi dans la vie.

« Si vous pouvez en rêver, vous pouvez le réaliser. »

Bien avant le « *Just do it* » d'une célèbre marque d'articles de sport.

« Un homme n'a pas besoin de loisirs. Les loisirs ne font que le distraire de son devoir. Si un homme connaît son devoir, cela lui suffit. »

« Je ne mens jamais. Les menteurs mènent des vies extrêmement complexes, et j'aurais trop peur de me faire démasquer. »

« La meilleure des Ferrari est celle que nous n'avons pas encore produite : c'est la prochaine. »

LUC FERRY

LA VITESSE ET LES BOLIDES, LE PHILOSOPHE ET EX-MINISTRE DE L'ÉDUCATION NATIONALE (2002-2004) EST TOMBÉ DEDANS TOUT PETIT.

Son père, personnage hors-normes et esprit raffiné, à la fois technicien hors pair, pilote de course et constructeur réputé de bolides de l'après-guerre à 1960, après avoir été notamment agent secret, a transmis à ses fils l'amour des belles mécaniques et de la compétition.

« *Mes trois frères et moi avons passé notre enfance dans son garage à jouer dans les Bugatti. Il y avait, entre autres, des 57, un coupé Atalante d'une beauté à couper le souffle, des vieilles "trois litres trois" avec un cornet en cuivre pour parler au chauffeur, et plusieurs dizaines de type 35. Dans les années 50, elles ne valaient plus rien, mais nous étions littéralement fascinés par la beauté, la puissance, le bruit assourdissant et l'odeur d'huile de ricin qui se dégageaient de ces engins.* [...] *Pour nous, c'était un vrai paradis.* » (*in* Luc Ferry, l'anticonformiste, éd. Denoël). Puis viendra logiquement, très tôt, le temps de l'apprentissage, ainsi qu'il l'avait confié un jour au mensuel *Question Auto* : « *J'ai appris à conduire avec mon père. Je sais prendre la bonne courbe, freiner pas trop mal, faire un tête-à-queue s'il le faut et un beau contrebraquage pour s'amuser.* » Et de la belle mécanique à la philosophie, il n'y a qu'un pas (ou un tour de roues) : « *Il y avait dans la passion de mon père, du moins dans ses aspects créatifs, une part essentielle consacré au dessin, au design, et, chez lui, une relation particulièrement forte à l'esthétique, à la beauté, mais aussi à la vérité. Car son objectif était de concevoir et de fabriquer des œuvres d'art qui soient, si je puis dire, scientifiquement et technologiquement "vraies". [...] Améliorer un moteur, résoudre un problème technique, trouver le dispositif le plus efficace, des gaz qui circulent bien dans une tubulure, un arbre à cames qui donne des chevaux au bon endroit, des rapports de boîte et de pont appropriés, c'est un peu comme avec un système de pensée qui doit progresser pour être plus intelligent.* »

Quand vous avez un père concepteur de voitures de course, il y a des chances que vous deveniez pilote. Mais philosophe et/ou ministre fait partie du champ des possibles.

Dans le panthéon personnel de Luc Ferry, les productions Bugatti. Avec une prédilection pour les modèles de compétition.

En 2011, Luc Ferry retrouvait un modèle de course fabriqué par son père dans les années 50, et que tout le monde croyait disparu.

Esprit libre, donc, mais aussi semelle de plomb : « *J'ai derrière moi trente ans de moto. Après ça, difficile de revenir à des voitures normales, on s'ennuie. D'où le choix d'un cabriolet, une Jaguar XKR de 510 ch acquise avec mes droits d'auteur. Bien sûr, il faut être raisonnable sur la route, j'ai d'ailleurs dû parcourir en tout deux millions de kilomètres sans accident… Bon, quand je vais en Allemagne, je suis à 250 tout le temps, ma voiture étant limitée à 250. Mais en Allemagne, il y a deux fois moins d'accidents mortels qu'en France alors que la vitesse n'y est pas limitée sur les autoroutes. Une mesure intelligente consisterait par exemple à laisser la vitesse libre sur les tronçons à trois voies en semaine, par exemple, pour revenir à 130 le week-end. Sans jouer les beaufs populistes, je trouve que les mesures actuelles ne sont pas les bonnes. Si on veut des limitations, il ne faut pas qu'elles soient débiles. Des limitations de vitesse bien faites et sérieuses, on peut les respecter vraiment. On finit par traiter les automobilistes comme des délinquants, ça devient un peu insupportable.* »

Depuis l'automne 2013, Luc Ferry signe des articles dans la revue *Car Life*, éditée par Thierry Soave, à la fois patron de presse et excellent pilote amateur (nombreuses victoires en supertourisme et championnat de France GT, notamment), pour laquelle il prend le volant d'automobiles très rapides et très bruyantes, comme il les aime : Jaguar Type D, Ford GT 40, ou même une Formule 1 !

« *J'ai toujours pensé que la vraie beauté s'était au XX*e *siècle bien plus incarnée dans les objets techniques que dans ce qu'on appelle les "œuvres d'art" proprement dites. Les montres, les avions, et par dessus tout les voitures ont été parfois d'une beauté à tomber. Et puis, il y a dans l'histoire de l'automobile un aspect d'aventure qui ne peut pas laisser un homme indifférent. Tant de gens ont risqué, et si souvent même perdu la vie, qu'il devait bien y avoir dans la course des enjeux humains majeurs : l'adresse, la puissance, la maîtrise de soi, la victoire sur ses peurs…* » L'homme d'esprit est donc aussi un homme d'action.

FRANÇOIS FILLON

FRANÇOIS FILLON EST UN VÉRITABLE PASSIONNÉ DE VOITURES ET DE COMPÉTITION AUTOMOBILE, ET SE POSE EN DÉFENSEUR D'UNE INDUSTRIE QU'IL AIMERAIT VOIR DAVANTAGE VOIR PILOTÉE **PAR DES HOMMES DU SÉRAIL,** PLUTÔT QUE DES ÉLITES QUI, QUELLES QUE SOIENT LEURS QUALITÉS, ARRIVENT PARFOIS LÀ UN PEU PAR HASARD SANS ÊTRE AU DÉPART MUES PAR LA PASSION DE L'AUTOMOBILE.

On l'imagine donc plus supporter de Carlos Tavares que de Louis Schweitzer, par exemple.

En 2000, il avait emmené Nicolas Sarkozy pour deux tours du circuit Bugatti du Mans en passager d'une voiture de course, et le futur Président n'avait guère goûté l'exercice : « *Au moment des européennes, il était venu faire campagne au Mans et je lui avais fait faire deux tours du circuit dans une petite barquette. Il n'avait pas trop aimé je crois. Il n'aime pas du tout la vitesse. Mais je reconnais à sa décharge que je n'aime pas non plus être assis à côté.* ». Parmi les fiertés de l'ancien Premier ministre, le fait d'avoir contribué à la sauvegarde des 24 Heures du Mans, épreuve devenue moribonde à la fin des années 80. Répétant à qui veut l'entendre que sa passion du sport automobile n'est pas négociable, il monte dans une voiture de course dès qu'il en a l'occasion, que ce soit pour des essais comme avec la Peugeot 908, ou pour la course dans le cadre du Mans Classic, prestigieuse épreuve biennale qui met aux prises des voitures de course anciennes. Un véritable *petrolhead*, comme disent les britanniques. ●

Avant de se rêver Président de la République, François Fillon s'imaginait pilote de course.

FILS DE PUB

DANS LES ANNÉES 80, LA RÉCLAME AUTOMOBILE FAISAIT SOUVENT APPEL À DES STARS.

À l'exemple de Julien Clerc, qui en 1984 chantait *« J'aime, j'aime, j'aime »* juché sur le toit d'une Citroën BX GT 105 ch à l'appel du pied droit, avec des sièges « à finition tweed » pour la note luxueuse.

Christophe Lambert, en 1988, jouait les James Bond pour la Renault 19, dans un spot à « grand » spectacle diffusé uniquement en Espagne (dommage !). On songe aussi à l'étonnant Albert Dupontel, qui, encore peu connu en 1990, déployait déjà d'immenses qualités de comédien pour nous convaincre des qualités de la Lada Samara et de sa « garantie Drakkar longue durée, kilométrage illimité ». Il ajoutait même, optimiste : « *Remarquez, vu que c'est une Lada, la garantie ça ne sert pas à grand-chose.* » De la graine d'humoriste, déjà !

Quand le produit manque d'aura, le recours à une star peut s'avérer salutaire.

Juché sur le toit d'une BX, Julien Clerc aura pris tous les risques.

Albert Dupontel aura connu une carrière plus flamboyante que la Lada Samara.

Christophe Lambert en agent secret à costume, c'était juste pour une pub Renault espagnole.

FLASH

AH, LES RADARS ! ET, PARMI CEUX-CI, CES SATANÉES CABINES QUI FLEURISSENT AU BORD DES ROUTES AVEC UNE IMPLACABLE RÉGULARITÉ DEPUIS L'INAUGURATION DE LA PREMIÈRE D'ENTRE ELLES, LE 27 OCTOBRE 2003 **(ON COMPTAIT 3347 RADARS AUTOMATIQUES VITESSE (DONT 2181 FIXES) AU 1ER AOÛT 2015.**

On ne remettra pas en cause ici leur rôle positif, quoique partiel (rendons aussi grâce aux constructeurs et équipementiers qui fabriquent des voitures toujours plus sûres), dans l'amélioration globale des chiffres de la sécurité routière.

Mais il convient de préciser que sur les 12,5 millions de points de permis retirés pour la seule année 2014 sur les routes de France, près du tiers l'ont été pour des excès inférieurs à 20 km/h hors agglomération. Vous savez, ces fameux 132 km/h retenus au lieu des 130 autorisés, infraction bien souvent commise au volant d'une voiture bien entretenue, disposant de pneus en bon état, d'un freinage par ABS, et (de plus en plus souvent) d'un antidérapage ESP... On sait, ça énerve !

SI LA FORD MUSTANG EST UNE VÉRITABLE STAR DE CINÉMA, L'UN DES TOUS PREMIERS À LUI AVOIR DONNÉ SA CHANCE EST...JEAN GIRAULT, POUR *LE GENDARME DE SAINT-TROPEZ*, EN 1964.

FORD MUSTANG

Elle y crève l'écran, bien que fort mal conduite par le Maréchal des logis chef Cruchot, incarné par Louis de Funès. La même année, elle est à l'honneur dans les aventures de James Bond *(Goldfinger)*, où elle reviendra en 1971 pour une poursuite à Las Vegas dans *Les diamants sont éternels*.

Une véritable star : à l'heure où cet ouvrage était imprimé, le site web mustangimdb.com recensait près de 5000 apparitions du modèle au cinéma. Et notamment *Un homme et une femme*, 1966, où son apparition tient surtout du concours de circonstances (Claude Lelouch s'en explique dans l'article que nous lui avons consacré, voir p.120).

Mais c'est entre les mains expertes de Steve McQueen / Frank Bullitt, que la Mustang gagnera ses galons de voitures de héros, à travers une fameuse course-poursuite (voir p. 63). L'auto tient aussi la vedette dans *Gone in 60 seconds* (on parle ici de l'original de 1974, pas du pâle remake de 2000), dont la star est une Mustang Sportsroof (animée par un V8 standard, pas celui de la Mach 1) baptisée Eleanor et qui, d'après certaines sources, serait un modèle 1971 rhabillé en 1973. En 2011, Ryan Gosling, que certains considèrent comme un nouveau McQueen, maltraitait une Mustang pour échapper à ses poursuivants (en Chrysler 300C) dans *Drive*. Chez nous, c'est Jean-Paul Belmondo qui offrira l'un ses meilleurs rôles à la Ford, dans une fameuse scène du *Marginal*, avec une séance de conduite pour le moins musclée à travers la capitale. Deux voitures passablement modifiées avaient été utilisées, et il semble hélas qu'elles aient depuis disparu.

Mais la Mustang, ce n'est pas que du cinéma. En 1967, sous la houlette de Henri Chemin, qui dirigeait la communication de Ford en France, le jeune Johnny Hallyday s'exerce à la compétition : rallye de Monte-Carlo, puis course de côte du Mont-Dore.

En 1969, c'est un Serge Gainsbourg en plein *Comic strip* qui s'intéresse à la belle américaine : « *On s'fait des langues / En Ford Mustang / Et bang ! / On embrasse / Les platanes / Mus à gauche / Tang à droite / Et à gauche, à droite...* »
Parmi les célébrités ayant craqué pour l'auto au quotidien, citons, pêle-mêle, les acteurs Sean Penn, Charlie Sheen ou Ewan McGregor, le rappeur Eminem ou bien encore le leader des Doors Jim Morrisson, qui possédait une Shelby GT500 1967 dont la trace a été perdue depuis longtemps, en dépit des nombreuses recherches menées par des fans. On peut découvrir le leader des Doors au volant de son bolide dans un fumeux court-métrage tourné en 1969 dans le désert de Mojave, *HWY: An american pastoral* , disponible sur Internet.

Côté politique, citons Bill Clinton qui déclarera un jour que l'une des choses les plus difficiles qu'il ait eu à faire une fois élu à la Maison blanche aura été d'abandonner sa Mustang 1967 dans l'Arkansas.

Mais la palme de l'enthousiasme revient à son successeur, Barack Obama himself. « *This is sick !** », (un truc de malade !) déclarera-t-il en découvrant la Shelby GT500 au salon de Washington 2012, avant de prendre place à bord de la voiture et de déclarer « *c'est ce qu'il m'aurait fallu quand j'étais au lycée !* » ●

Depuis 2015, la Mustang est enfin officiellement importée en Europe. Ses atouts, un style réussi et un rapport prix/prestations imbattable : 42 500 € (hors malus écolo...) pour la V8 de 421 ch ! Logiquement, les commandes affluent.

GANGSTERS

EN DÉCEMBRE 1911, JULES BONNOT ET SA BANDE COMMETTENT **LE PREMIER BRAQUAGE MOTORISÉ DE L'HISTOIRE,** À PARIS.

Ils s'enfuient sous le nez des forces de l'ordre à bord d'une Delaunay-Belleville après l'attaque d'une agence parisienne de la Société Générale située rue Ordener, et la voiture est retrouvée quelques jours plus tard à Dieppe. Après ce forfait, le préfet de police de Paris Louis Lépine décrète que « *toutes les fois qu'un chauffeur d'automobile cherchera à se soustraire par la fuite, les agents ne devront pas hésiter à crever, à coups de sabre, les pneus de l'automobile.* » Mais avec leurs vélos et leurs chevaux, les forces de l'ordre ne font pas encore très peur aux gangsters.

Apparue en 1934, la Citroën Traction est LA voiture de la Seconde Guerre Mondiale, tant du côté du pouvoir que de celui de la Résistance. Après la guerre, celle-ci devient la monture favorite des voyous qui apprécient ses performances et la sûreté de son comportement routier. On pense notamment au Gang des Tractions Avant, qui réunissait d'ex-résistants et d'ex-collabos devenus résistants sur le tard, et qui avaient pris pour habitude d'utiliser la berline Citroën pour commettre leurs attaques à main armée.

Mesrine sera abattu au volant de sa BMW 528i, après quoi celle-ci pourrira pendant près de 30 ans dans une casse de région parisienne.

Mais la voiture de gangster la plus célèbre est bien sûr la BMW 528i à bord de laquelle Jacques Mesrine sera abattu le 2 novembre 1979 par la brigade antigang du commissaire Broussard, Porte de Clignancourt à Paris. Criblée de balles lors de l'intervention, l'auto pourrira, oubliée de tous ou presque, à la fourrière de Bonneuil-sur-Marne jusqu'en 2007, quand sera ordonnée sa destruction. Aujourd'hui, les choix se sont diversifiés : cela va de la Mini Cooper S, agile et rapide, à la Porsche Cayenne en passant par le Range Rover (plus pour l'apparat, toutefois). Reste qu'une marque focalise l'attention des bandits : Audi, dont les ultrasportives déclinaisons RS sont extrêmement appréciées, tant pour leur relative discrétion que pour leurs performances et leurs transmissions intégrales. Celles-ci permettent d'en garder le contrôle sur tous les terrains (on peut même couper à travers champs au besoin) et par tous les temps, même quand il pleut du plomb dans les pneus ! Modèle favori des mauvais garçons, la RS4 (V8 4.2, 450 ch), qui présente l'avantage de n'être pas trop lourde ni encombrante, tout en offrant un bon volume de chargement. « *Si l'on avait proposé à des voyous d'imaginer leur voiture idéale en partant d'une feuille blanche, on serait probablement arrivé à la RS4 : pour eux, c'est quasiment du sur-mesures !* », résume un spécialiste. Autre modèle prisé, de façon plus inattendue, la Citroën C5, qui présente l'avantage de la discrétion et d'une suspension hydractive permettant de rouler avec le coffre chargé sans que cela ne modifie l'assiette du véhicule. Pratique, quand on veut transporter des produits sensibles sans attirer l'attention…

GARAGISTE

MAL-AIMÉS, LES ROIS DE LA CLÉ DE 12 ?

Selon une enquête menée conjointement par le site web drivepad.fr et l'Union nationale des automobiles club en 2012, la cote de confiance des garagistes n'est pas au top : en effet, si 82% des interrogés sont satisfaits de la qualité du service de leur garage, 35% des sondés déclarent néanmoins ne pas faire confiance aux garagistes, 33% disent ne pas avoir d'explications assez claires sur les travaux réalisés et, surtout, 31 % des conducteurs ont déjà eu une intervention facturée sans leur accord. De plus, 41% des personnes interrogées estiment ne pas disposer de suffisamment d'informations et de conseils pour décider des entretiens à effectuer sur leur auto. Une étude du même genre, menée par le site allogarage.fr, précisait que les trois principaux reproches adressés aux garagistes étaient des tarifs excessifs, un montant facturé supérieur à celui annoncé, et des travaux supplémentaires non demandés. À quoi s'ajoutent des tarifs de réparation et d'entretien en constante augmentation. Pour l'Autorité de la concurrence «*la France est quasiment le seul pays d'Europe dans lequel, même en corrigeant de l'inflation, le prix des pièces détachées a augmenté depuis le début des années 2000, de l'ordre de 10%*». Ce qui n'arrangera pas l'image des hommes de l'art, qui pour la plupart s'avèrent des gens honnêtes.

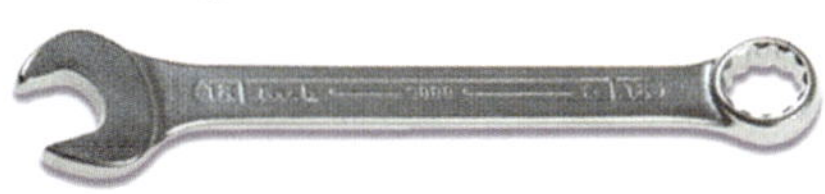

Pour mémoire, nous vous invitons à prendre connaissance de ce texte publié dans la revue *La Locomotion** , et repris dans les *Archives de l'automobile* (éd. de Lodi).

« [...] *De tous les mécaniciens, le truqueur compte parmi les plus redoutables. Par définition, le truqueur est un homme qui, par économie, masque les défauts sous un semblant de réputation. Souvent il double ce truquage de malhonnêteté, lorsqu'il fait croire à un client qu'il a changé des pièces tandis qu'il leur a fait simplement subir un retapage savant. Par exemple, prenons une voiture dont les roues avant ont beaucoup de jeu dans leurs fusées. Ces roues tendent à s'écarter du bas et à se rapprocher vers le haut. Que fera notre truqueur ? Au lieu de changer les bagues de toutes les roues, il va cintrer légèrement le milieu de l'essieu vers le haut et la voiture reprendra sa figure normale comme si les bagues de roues avaient été changées.*

Prenons une boîte de vitesses ayant un jeu général dans les coussinets. Au lieu de les réajuster, notre truqueur donne un coup de lime à plat sur tout le joint de boîte de vitesses; les coussinets, laissés en place, sont limés en même temps. Le tout est remonté, et il n'y a plus de jeu apparent sans un sou de pièce de rechange.

Le truqueur a de nombreux tours dans son sac : au lieu de boucher à la soudure une fuite légère à un radiateur, il met à l'intérieur du talc ou de la farine de lin ; un tourillon est usé, il met une bague autour ; un tendeur de chaîne est cassé, il le ressoude. Le truqueur est le roi de la rondelle et l'empereur de la soudure. Aucune confiance à avoir en lui : on ne sait de quelles horreurs il peut être capable. Évitons-le donc comme la peste, et si nous sommes tombés chez lui, ne l'écoutons pas et tâchons d'en sortir sans y laisser trop de plumes. »

Détail qui n'en est pas un, ces lignes ont été rédigées en... 1912 ! Déjà, à l'époque, quelques individus peu scrupuleux ternissaient la réputation d'une majorité de professionnels honnêtes.

G comme...

VOITURE GAY

ET SI LA POPULATION GAY **AVAIT LES CLÉS DU MARKETING AUTOMOBILE ?** POUR LE CABINET AMÉRICAIN D'ANALYSE MARKETING STRATEGIC VISION, AUCUN DOUTE POSSIBLE : **SI UN MODÈLE INNOVANT EST BIEN ACCUEILLI PAR LA COMMUNAUTÉ LGBT** (LESBIENNES, GAYS, BISEXUELS ET TRANSGENRES), **IL A DE FORTES CHANCES DE CONNAÎTRE LE SUCCÈS.**

Ces consommateurs se placent à la pointe des tendances, disposent souvent de revenus confortables – en vertu de leur appartenance à la catégorie très choyée des « DINK », pour *« double income, no kids »* – (« Deux revenus, pas d'enfants ») – et méritent à ce titre toute l'attention des constructeurs qui envisagent de lancer tel ou tel nouveau concept de véhicule ou tel design innovant.

Pour parvenir à cette affirmation, la société s'appuie sur une étude qu'elle a réalisée et qui souligne le bon accueil réservé par les *innovators* à des modèles qui ont ensuite connu le succès, à l'image des Nissan Juke ou Mini Cooper. « *Si votre produit a suscité l'intérêt de cette catégorie d'acheteurs, il en ira de même avec le reste de la population* », résume Strategic Vision.

En 2010, Renault avait dragué la clientèle homo en participant à la Gay Pride parisienne.

Très très bien... motorisé : en 2011, Peugeot avait osé cette publicité dans le magazine Têtu.

Et ça, nos constructeurs l'ont bien compris. On se souvient ainsi que Renault avait participé à la Gay Pride parisienne en 2010, avec deux découvrables, les Wind et Mégane CC, ouvrant le cortège. Peugeot, dont la RCZ avait remporté en 2011 le titre de Voiture Gay européenne de l'année organisé par l'association Ledorga, s'était alors offert une page de publicité en forme de clin d'œil dans *Têtu*, avec le slogan TTBM, acronyme de « *Très très bien... motorisé* ».

En 2016, la Voiture Gay européenne de l'année est la Mazda MX-5. Le roadster succède notamment aux Ford Mustang (2015), DS 3 Cabrio (2014), Mini roadster (2013), DS 4 (2012), Peugeot RCZ (2011), Fiat 500C (2010) et autres Alfa Mito (2009).

« Les votes se font sur des critères purement esthétiques : la voiture plaît ou non. », précise un représentant de l'association. Qui précise que cette élection n'a qu'une portée symbolique, et qu'il n'en recherche pas la médiatisation à tout prix : « *Par le passé, on a pu lire certains propos assez durs au sujet de la Voiture Gay de l'année. En gros, le public gay ne pourrait pas avoir sa propre identité et son choix personnel. De plus, nous avons été parfois qualifiés de groupuscule qui ne représentait rien. Or, il s'agit juste de prendre une opinion, pour le fun. Les marques jouent généralement plutôt bien le jeu. Sauf Mini, qui nous avait ignorés lors de la victoire du Roadster, en janvier 2013. C'était tombé au moment des premières manifestations anti-mariage-gay, et peut-être avaient-ils eu peur d'être assimilés aux défenseurs de la cause...* »
Surtout, l'enjeu consiste à éviter toute stigmatisation, vis-à-vis du public comme des constructeurs. Un sujet qui reste sensible, donc.

La DS3 Cabrio, Voiture gay de l'année 2014. Quelques années plus tôt, qui aurait prédit une telle distinction à Citroën ?

Jolie, bien « marketée », la Fiat 500C sera plébiscitée en 2010.

Mini ne semblera guère apprécier l'élection de son roadster au titre de voiture gay 2013.

VALÉRY GISCARD D'ESTAING

AMATEUR DE LUXE ET DE BEAUX OBJETS, L'ANCIEN PRÉSIDENT DE LA RÉPUBLIQUE N'ÉTAIT BIEN SÛR PAS INSENSIBLE AUX VOITURES.

Dans le documentaire de Raymond Depardon, *Une partie de campagne* réalisé en 1974, on le voit d'ailleurs conduire sa propre voiture, comme le Français moyen qu'il n'aura jamais été.

Une fois élu, il rompra avec la tradition citroëno-gaulliste de l'Élysée en jetant son dévolu sur une Peugeot 604, dont il aimait prendre le volant lui-même pour rouler dans Paris. Par contre, on n'a jamais pu s'assurer de la véracité de la (persistante) rumeur selon laquelle il aurait embouti l'arrière d'un camion de lait un petit matin de septembre 1974, alors qu'il conduisait une Ferrari appartenant à Roger Vadim et se trouvait en galante compagnie...

La 604 restera comme un marqueur de la présidence de Giscard. Ses successeurs rouleront plutôt en Renault et en Citroën.

En posant souvent au volant, VGE voulait montrer qu'il était un Français parmi d'autres.

Grand Prix de Dijon 1979 : la passe d'armes Arnoux-Villeneuve éclipse totalement la victoire de Jabouille sur Renault.

GRAND PRIX DE FRANCE 1979

LE GRAND PRIX DE FRANCE 1979 **RESTERA COMME L'UN DES PLUS BEAUX DE L'HISTOIRE DE LA FORMULE 1,** CAR IL FUT LE THÉÂTRE D'UN MAGNIFIQUE DUEL POUR LA DEUXIÈME PLACE **ENTRE RENÉ ARNOUX (RENAULT) ET GILLES VILLENEUVE SUR FERRARI.**

À trois tours de la fin, le Français remonte sur le Canadien, ce qui marque le début d'une incroyable bataille, avec des voitures qui se doublent à tour de rôle, se frôlent, se touchent même parfois, tandis que leurs pneus partent en fumée dans des freinages toujours plus tardifs.

Le spectacle est époustouflant, jamais on n'a assisté à une bagarre aussi serrée et haletante à plus de 250 km/h. Villeneuve, qui l'emporte finalement pour moins de trois dixièmes de secondes, dira par la suite que l'épisode constituait le meilleur souvenir de sa carrière de pilote de course. René Arnoux, dans une interview au site du championnat GT-Tour, expliquera des années plus tard qu'il s'agissait autant d'équilibrisme que de pilotage : « Ce qu'il faut savoir, c'est que Gilles était l'un de mes meilleurs copains. À l'époque, j'allais manger les pâtes avec lui chez Ferrari, et lui venait avec moi chez Renault pour la cuisine française. Ce que je veux dire, c'est que l'on se connaissait très bien. Pour avoir un tel duel, il faut aimer la personne en face de vous, l'apprécier, connaître son caractère. [...] Il y avait de la confiance et du respect entre nous, et c'est ce qui a fait la rareté de ce duel. Nous étions tous les deux les roues encastrées à haute vitesse ! Sincèrement et avec humilité, je pense qu'il n'y avait que nous deux pour faire ça à l'époque.»
De fait, personne ou presque ne se souvient que c'est Jean-Pierre Jabouille qui a remporté cette course. L'évènement était pourtant historique, dans la mesure où il s'agissait de la victoire en France d'un pilote français, au volant d'une voiture française (Renault) avec des pneus français (Michelin) et un carburant et de l'huile français eux aussi (Elf) !
Une seule photo restera de l'exploit, signée de l'excellent et regretté Philippe Anzemberger, qui devra sa « plaque » à sa proverbiale nonchalance. Alors que tous ses confrères jouaient déjà des coudes au pied du podium, lui prenait son temps en bord de piste et fut donc le seul à immortaliser l'homérique bataille. Un cliché qui fera le tour du monde.

H comme...

HALLYDAY, PÈRE ET FILS

DE LA CARRIÈRE EN SPORT AUTOMOBILE DU GRAND JOHNNY, ON SE SOUVIENDRA DE CE REPORTAGE DE FRANCE 2 DURANT LE DAKAR 2002 OÙ, ARRIVANT COMPLÈTEMENT HARASSÉ AU TERME D'UNE ÉTAPE, IL PRONONÇA L'HISTORIQUE : *« ...TU TE RENDS COMPTE QUE SI ON N'AVAIT PAS PERDU UNE HEURE ET QUART, ON SERAIT LÀ DEPUIS UNE HEURE ET QUART... »*

Mythique ! Toutefois, il faut reconnaître au chanteur un véritable amour des bolides et de la vitesse, qui s'était manifesté, dès 1967, par une participation au rallye de Monte-Carlo et à la course de côte du Mont-Dore, aux commandes d'une Ford Mustang.

Johnny au Dakar 2002, comme copilote du redoutable René Metge. Ils termineront la course (!)

Johnny sera l'une des dernières stars à participer au Dakar. L'avantage d'un tel concurrent, c'est qu'il intéresse la presse grand public à l'épreuve.

Comme son père, David Hallyday est un fana d'automobile. Atteint par le virus de la compétition sur piste, il deviendra un bon pilote amateur, comme l'illustre un titre de champion de France Grand Tourisme en 2001, associé à l'ex-pilote de F1 Philippe Alliot. Il brillera sur de nombreux circuits, et ira même se frotter aux 24 Heures du Mans. Bref, un authentique passionné. ●

David Hallyday, rockeur et excellent volant.

Six participations au Mans au compteur pour David Hallyday (ici la 911 RSR qu'il y a pilotée en 2014).

FRANÇOIS HOLLANDE

LE 15 MAI 2012, JOUR DE SON INVESTITURE OFFICIELLE, LE NOUVEAU PRÉSIDENT A REMONTÉ LES CHAMPS-ÉLYSÉES DEBOUT À L'ARRIÈRE D'UNE CITROËN DS5 SPÉCIALEMENT AMÉNAGÉE (AVEC TOIT OUVRANT, NOTAMMENT), BRAVANT LES ÉLÉMENTS DÉCHAÎNÉS.

Une voiture qu'il avait découverte en septembre 2011, soit quelques mois avant sa commercialisation officielle, à l'occasion d'une visite à l'usine PSA de Sochaux où est assemblée l'auto. Il était accompagné de Pierre Moscovici, alors député local et surtout fondateur de l'Acsia (Association des collectivités sites d'industrie automobile), qui regroupe des élus locaux dont les territoires comptent des sites de production. Ce jour-là, il déclarera, prémonitoire : « *C'est le véhicule des Présidents de la République...celui du Général de Gaulle* [...] *Je suis en route pour le plus loin possible, j'espère qu'ils ont fait le plein.* » D'où le choix de la DS5 pour marquer son premier jour de mandat, avec une motorisation hybride qui plus est.

François Hollande démarrera son quinquennat en DS5, sous la pluie. Une version hybride spécialement aménagée pour l'Élysée, et qui ne sert que pour la parade.

François Hollande sur son Piaggio MP3, période pré-élyséenne. Mais même président, l'homme conservera le goût des escapades en deux roues...

Mais le Président est, comme chacun sait, plutôt porté sur les scooters. On se souvient notamment de la Une du *Parisien-Aujourd'hui en France* le 1er juin 2011, au lendemain d'une rencontre avec des lecteurs au siège du quotidien, le montrant arrivant au siège du journal au guidon de son Piaggio MP3, modèle à trois roues très prisé des cadres parisiens. C'est dans les pages de ce journal qu'il avait pour la première fois évoqué le concept de candidat « normal », marquant à la fois sa différence avec Nicolas Sarkozy et avec son futur ex-rival DSK, alors empêtré dans l'affaire du Sofitel de New York, et que l'on avait vu quelques semaines plus tôt descendre d'une Porsche Panamera. Le goût de François Hollande pour le deux roues n'est pas feint, puisque dès l'adolescence il s'illustrait par sa propension à rouler vite au guidon de mobylettes trafiquées. Ses comparses d'alors le surnommaient « le kamikaze », ainsi que l'évoque Serge Raffy dans son ouvrage *François Hollande, itinéraire secret* (éd. Fayard). Durant la campagne présidentielle, contraint d'abandonner le scooter pour raison de sécurité, il déclarera que ce moyen de transport lui manquait. Une fois Président, il replongera...

JAGUAR

DEMANDEZ AUTOUR DE VOUS CE QU'ÉVOQUE SPONTANÉMENT JAGUAR ET ON VOUS PARLERA DE MOQUETTES ÉPAISSES, DE CUIR, DE BOIS, MAIS AUSSI D'ÉLECTRICITÉ DÉFAILLANTE, DE FLAQUE D'HUILE SOUS LE MOTEUR, ET DE BERLINES XJ DE QUINZE ANS D'ÂGE ABONNÉES AUX 110 KM/H SUR LA VOIE DE DROITE DE L'AUTOROUTE.

Mais ça, c'était avant. Avant le rachat de la marque en 2008 par le groupe indien Tata, qui se matérialise aujourd'hui par cette simple constatation, partagée dans le monde entier : Jaguar est redevenue une marque cool.

À la tête du département design de Jaguar depuis 1999, l'écossais Ian Callum qui après avoir officié chez Ford et TWR Design, exerçant notamment son art sur les Aston Martin DB7 et Vanquish, s'est attaché à s'éloigner du style élégant mais passéiste de son prédécesseur Geoff Lawson, qui avait notamment signé les S-Type et X-Type, modèles qui peinaient à convaincre les jeunes générations. Le credo de Callum, tel qu'il l'avait résumé dans une interview au *Sunday Times* : « *Les Jaguar doivent être perçues comme des voitures cool, car les voitures cool attirent les gens intéressants, à la pointe*. » On lui doit ainsi notamment les très contemporaines berlines XF, XJ et XE, mais aussi et surtout la star du moment, la bouillonnante F-Type. À la suite de la présentation de celle-ci à l'automne 2012, Callum avait été honoré comme l'un des hommes de l'année par le respecté magazine britannique *Top Gear*, qui le saluait en ces termes : « *Le génie de Ian Callum réside à la fois dans le respect des proportions classiques et parfaites de ses voitures, et dans la façon dont elles continuent à vous intriguer et vous inspirer même une fois l'effet de nouveauté estompé*. » D'autres récompenses suivront, dans le monde entier.

Le F-Pace est le premier 4x4 de l'histoire de Jaguar. Un modèle désormais indispensable pour un constructeur haut de gamme.

La renaissance du constructeur passe par la mise en œuvre d'une stratégie produit cohérente… et rock'n'roll, avec de gros moteurs plein de chevaux à l'intérieur. Trop sage, la familiale XF ? Qu'à cela ne tienne, on lui greffe un V8 5 à compresseur de 510 ch ! Ce n'est pas assez ? On porte sa puissance à 550 ch, on boulonne un aileron « pelle à tarte » sur la malle, on revendique une vitesse maxi de 300 km/h, et on présente l'ensemble sous une robe bleu pétard *« French racing blue »*. D'autres teintes sont disponibles mais, signe d'une volonté de rupture, le classique *« British racing green »* passe à la trappe. Les clones de David Cameron s'intéressent quant à eux à la grande berline XJ, tandis que les papas dynamiques attendent avec impatience la commercialisation d'un SUV, en 2016, un an après la XE, berline sportive appelée à titiller la BMW Série 3. Quant à la gamme F-Type, elle a vocation à attirer les projecteurs. Tout particulièrement quand elle se dote d'un bloc V8 particulièrement expressif (mais le V6 se défend bien lui aussi), qui confère une ambiance « 24 Heures du Mans » au moindre de vos déplacements.

Bien sûr, rien de ce qui vient d'être évoqué n'aurait été possible sans le rachat de la marque par le groupe indien Tata, à la faveur d'un drôle de pied de nez qui voit l'ancien colonisé s'offrir l'un des joyaux de la couronne britannique.

Et celui-ci déploie de grands moyens, comme en attestent les 3,5 milliards de livres investis dans le groupe Jaguar Land Rover pour l'exercice 2014-2015. C'est beaucoup d'argent, mais les résultats sont là et les ventes augmentent chaque année : Jaguar a réalisé en 2015 sa meilleure année depuis 2005, avec près de 83 986 voitures vendues à travers le monde, en hausse de 6%. *The cat is back !*

La F-Type est l'une des sportives les plus excitantes des dernières années.

Sans le rachat par les Indiens, le logo Jaguar aurait peut-être disparu.

JEEP

DEPUIS SA PREMIÈRE APPARITION EN 1940, **LA JEEP S'EST ILLUSTRÉE SUR LES CHAMPS DE BATAILLE, AU CINÉMA, DANS LA BANDE DESSINÉE, LES COFFRES À JOUETS,** ET SYMBOLISE À ELLE SEULE L'AVENTURE.

On ne retracera pas ici en détail l'histoire de ce véhicule mythique, mais on rappellera simplement son statut de quasi-héros de guerre : sur les 645 000 Jeep produites, 250 000 seront perdues au combat sur les différents fronts, du Pacifique à l'Europe, où l'auto s'illustrera notamment un certain 6 juin 1944.

La Jeep Willys originelle, taillée pour l'action.

Le Général Eisenhower, futur Président des États-Unis, se verra attribué la citation suivante : « *Quatre éléments ont permis de gagner la seconde guerre mondiale : le bazooka, la Jeep, la bombe atomique et le C-47* » (dérivé militaire de l'avion DC-3). Précisons au passage que l'origine du nom Jeep reste sujette à controverse : la plus communément admise serait qu'il dériverait de la prononciation des lettres *GP* (*General Purpose*, que l'on pourrait traduire par « véhicule à tout faire »), sa désignation officielle. Mais pour d'autres, il viendrait du nom d'un personnage de la BD Popeye, en l'occurrence Eugene the Jeep (Pilou-Pilou en français). Les militaires, eux, la surnommaient simplement « *Pneumonia Wagon* », en référence à l'absence de protection qu'elle offre face aux intempéries.

Toujours fabriquée (mais les modèles actuels n'ont plus rien à voir avec l'ancêtre), la Jeep doit avant tout son succès à ses capacités de franchissement hors-normes, réputation forgée des plages de Normandie au désert de Mojave en Californie.

Ses amateurs les plus mordus se plaisent d'ailleurs à la modifier jusqu'au dernier boulon, autant pour améliorer son look que ses capacités off-road, l'idée étant d'avoir un engin capable d'aller aussi loin que possible dans des conditions extrêmes, tout en ayant la certitude de pouvoir rentrer ensuite à la maison. Le magazine américain *4-Wheel & Off-Road* a d'ailleurs attribué à la Jeep Wrangler Moab 2013 le prestigieux titre de 4×4 de l'année, au terme d'un rugueux comparatif de 1000 miles dans la poussière, la boue, le sable, les cailloux...et même sur la route ! Unstoppable, qu'y disent... « *Enterrez-moi dans ma Jeep, car il n'y a aucun trou dont elle ne puisse s'extraire* », plaisantent les aficionados.

Côté cinéma, les innombrables films consacrés à la Seconde Guerre Mondiale contribueront à asseoir la légende de la Jeep.

La Willys compte des centaines d'apparition au cinéma, et pas seulement dans des films de guerre.

On se souvient ainsi de Robert Mitchum, cigare aux lèvres et éternel regard en coin dans *Le jour le plus long*, ou de Lee Marvin dans *Les 12 salopards*, tous deux installés sur le siège passager (l'on reconnaît le chef à ce qu'il ne conduit pas lui-même la Jeep)... Dans les blockbusters, l'auto apparaîtra entre autres dans *Retour vers le futur* (Michael J. Fox sur son skateboard accroché à l'arrière d'une CJ-7 au début du film), *Tomb Raider*, *Jurassic Park*, *Terminator* ou *Transformers*. Bref, de quoi assurer une visibilité mondiale auprès des jeunes générations, et garder le mythe au frais. Dans la production française, outre une apparition dans *La chèvre*, avec Pierre Richard et Gérard Depardieu, l'auto devient un incontournable du clip mielleux dans les années 80. Ainsi, si Jean-Pierre François, dans *Je te survivrai* se distingue (façon de parler) en optant pour une Toyota BJ40, comment oublier le duo Félix Gray-Didier Barbelivien, dans une vraie Jeep sur les routes dans le clip d'*À toutes les filles* ?» Ainsi va le destin d'une icône automobile qui a aussi eu l'honneur à deux reprises de figurer en couverture d'un album de Tintin, en l'occurrence *Objectif lune* et *Au pays de l'or noir*. Bel hommage.

La Wrangler actuelle s'est modernisée, mais conserve son authenticité.

BRIAN JOHNSON

LE CHANTEUR DU GROUPE AC/DC, À LA VOIX RECONNAISSABLE ENTRE MILLE, EST UN VÉRITABLE FONDU DE BOLIDES, QU'IL PILOTE EN COMPÉTITION DÈS QU'IL LE PEUT.

Quand on lui demande quelles similitudes il établit entre sa musique et le fait de conduire des voitures rapides, la réponse fuse : *« Il y a la foule, le bruit, l'excitation, la ligne d'arrivée, la fin du spectacle, tout ça réuni. Sur scène, quand tu perçois l'énergie de 100 000 spectateurs, quelle folie ! Certes, rien ne sera jamais aussi fort que le moment où ils scandent ton nom. Mais juste derrière en termes d'intensité, il y a le moment où tu te trouves sur une ligne de départ, au milieu d'une quarantaine de V6 et V8 des années 60 et 70. Je parle de ces gros moteurs qui pétaradent, dans des McLaren, des Lola ou des Chevron. Quand le drapeau s'abaisse, c'est carrément le tonnerre de Zeus ! »*

Dans son panthéon personnel, au sommet duquel trône l'Austin Mini – *« Tout le monde en avait une : la famille royale, les stars du rock, et même ton père pouvait en avoir une : dans ma jeunesse, c'était THE car ! »* – on trouve entre autres la Citroën DS, dont il possède un exemplaire: *« Ces voitures ont été fabriquées par des rêveurs. »* ●

Brian Johnson possède de nombreuses voitures de course, mais c'est en Mini qu'il dit s'amuser le plus.

JANIS JOPLIN (1943-1970)

« OH LORD, WON'T YOU BUY ME A MERCEDES-BENZ ? » LE 1ER OCTOBRE 1970, TROIS JOURS AVANT SA DISPARITION, **JANIS JOPLIN ENREGISTRAIT CETTE CHANSON,** DONT L'INSPIRATION LUI SERAIT VENUE ALORS QU'ELLE CIRCULAIT **À BORD DE LA MERCEDES 600 DE BOBBY WOMACK.**

Le jeudi 10 décembre 2015, la Porsche 356C de Janis Joplin a été vendue 1,76 million de dollars par RM Sotheby's à New York.

C'est du moins ce qu'écrivit celui-ci dans son autobiographie (*My story, 1944-2014*) : « [...] *Après une session d'enregistrement, Janis était bien défoncée. Alors elle a laissé sa Porsche aux peintures horribles sur le parking du studio, et elle m'a demandé de la déposer à son hôtel. Je venais de prendre livraison de ma Mercedes 600, donc je n'y ai vu aucun inconvénient.* [...] *Quand elle a vu la voiture, ça lui a fait un choc. Mon Dieu, comment peux-tu rouler dans un truc pareil ?* [...] *Alors qu'on roulait, elle a commencé à fixer une mélodie dans son esprit, puis a commencé à chanter. Et c'est sorti : "Oh Lord, won't you buy me a Mercedes-Benz ?" D'un coup elle était inspirée. Et la suite est arrivée dans la foulée: "My friends all drive Porsche, I must make amends". Elle me demanda de faire demi-tour et de retourner au studio pour enregistrer la chanson sur le champ. On y retourne... "Worked hard all my lifetime, no help from my friends. So, Lord, won't you buy me a Mercedes-Benz..." C'est alors que je lui rappelai que les musiciens avaient déjà quitté le studio. "On s'en f... Fais demi-tour. Oh mon Dieu, c'est génial." Et elle a continué à chanter, créant sa chanson alors qu'on passait Hollywood, direction le studio. "Tu jours de la guitare, non ? C'est tout ce dont on a besoin. Toi et moi...* »

Au-delà de l'ironie du texte, qui stigmatisait certains travers de la société de consommation, il s'avère que la diva soul n'était pas insensible aux voitures, elle qui possédait une Porsche 356 cabriolet aux couleurs psychédéliques. Une voiture qu'elle acheta blanche à la concession de Beverly Hills en septembre 1968, et dont elle confia la décoration à un certain Dave Richards, l'un de ses *roadies*, lequel appela son œuvre *L'histoire de l'univers*. L'auto connaîtra un destin chaotique : elle sera volée, retrouvée, puis utilisée par le manager de Janis Joplin à New York avant d'être restituée à la fin des années 70 à la demande de la famille de Janis Joplin, qui l'utilisera pendant des années. Restaurée, la Porsche a longtemps été exposée au Rock'n'roll Hall of Fame de Cleveland, avant d'être vendue aux enchères fin 2015.

ROBERT KEARNS (1927-2005)

LA PROCHAINE FOIS QUE VOUS UTILISEREZ VOS ESSUIE-GLACES EN MODE INTERMITTENT, AYEZ UNE PENSÉE POUR ROBERT KEARNS.

S'il n'a pas réellement inventé ce système, cet ingénieur américain en a mis au point au début des années 60 un fonctionnement bien plus simple et moins coûteux que ceux proposés jusqu'alors, grâce à un petit moteur électrique. C'est ainsi que, confiant, il s'en fut en 1963 présenter son invention aux ingénieurs de Ford. Ceux-ci examinèrent avec une grande attention le prototype, demandèrent ensuite à Kearns de sortir de la pièce pour s'assurer qu'il n'avait pas caché une télécommande dans sa poche, le remercièrent de sa venue… et ne lui donnèrent plus jamais de nouvelles. Et en 1969, la marque commercialisait aux États-Unis sa première voiture dotée d'un essuie-glace intermittent électrique, bientôt suivie par d'autres constructeurs ! Kearns n'en prit pourtant pas trop ombrage au début, jusqu'à ce qu'en 1976 il réalise que le moteur électrique utilisé par Mercedes était une copie du sien. Un choc pour l'inventeur, qui comprit qu'il avait été complètement floué par Ford, lui dont l'ambition avec son invention était de devenir industriel, fournisseur de l'industrie automobile, et de créer une entreprise qu'il ferait tourner avec ses six enfants. Un rêve brisé.

Qu'à cela ne tienne, Kearns saisit la justice. Il multiplie alors les procès (26 en tout), notamment contre Ford et Chrysler, mais aussi des constructeurs allemands ou japonais. Lui, le petit ingénieur, seul contre tous les géants.

Robert Kearns, un homme seul face aux géants de l'automobile.

En 1989, après onze années de procédure menées avec une obstination presque délirante, il obtient de Ford plus de 10 millions de dollars. Et l'année d'après, Chrysler se voit condamné à payer près de 20 millions. Même si les sommes sont amputées d'énormes frais de justice, cela reste énorme. Mais Kearns n'en a cure, il veut continuer à se battre. À un magazine, il déclare en 1990: «*J'ai besoin de cet argent, mais ce n'est pas ce qui me pousse à me démener. J'ai passé une vie sur cette invention. Mon cas n'est pas un procès de plus. Il est question du sens de la vie de Robert Kearns.*» La reconnaissance, tout simplement. De 1976 à la fin de sa vie, en 2005, plus rien n'aura compté à ses yeux que d'obtenir réparation, quitte à perdre son emploi, sa femme (qui l'avait quitté au début des années 1980), et sa santé mentale (il fera notamment une sévère dépression). Au moins se sera-t-il battu pour son honneur. «*Mais on ne se bat pas dans l'espoir du succès ! Non ! non, c'est bien plus beau lorsque c'est inutile !*», disait Cyrano de Bergerac.

Kearns terminera sa vie seul dans la banlieue de Baltimore, diminué par la maladie d'Alzheimer, et mourra le 9 février 2005. Il n'aura donc pas l'occasion de voir le film tiré de son histoire, *Flash of genius*, sorti en 2008. Étrange destin pour un homme dont la vie aurait été toute différente si, au milieu des années 60, Ford, le constructeur qu'il révérait, lui avait tout simplement signé un contrat pour fabriquer l'invention qu'il avait mise au point.

KIDNAPPING (FANGIO & FIDEL CASTRO)

L'INCROYABLE PARCOURS SPORTIF DU PILOTE ARGENTIN (1911-1995) MÉRITERAIT UN OUVRAGE À LUI SEUL. RETENEZ AU MOINS QUE L'HOMME FUT QUINTUPLE CHAMPION DU MONDE DE FORMULE 1 DANS LES ANNÉES 50.

PAGE 6 : NOTRE NOUVEAU ROMAN "...PLEURE, PAUVRE COLIBRI" par Rosamond Marshall

France-soir

LE SEUL QUOTIDIEN FRANÇAIS VENDANT PLUS D'UN MILLION

MACHINES À LAVER FLANDRIA

TOUTE DERNIÈRE SPÉCIALE

Le coureur auto Fangio kidnappé à Cuba par des rebelles masqués

M. MURPHY chargé U.S. des bons offices RENCONTRE

L'enlèvement de Fangio fit toutes les unes de l'époque.

Une discipline qu'il domina de toute sa classe alors même qu'il l'avait découverte sur le tard, à un âge (37 ans) où l'on prend normalement sa retraite sportive. Son rugueux apprentissage du pilotage sur les pistes sud-américaines, à l'occasion d'éprouvantes *carreras*, lui aura permis d'accomplir des merveilles volant en mains, qui lui vaudront le surnom de Maestro accordé, chose rare, par ses concurrents en signe de respect.
En 1958, Fangio est déjà entré dans la légende (champion du monde de F1 en 1951, 1954, 1955, 1956 et 1957) quand il se rend à Cuba pour participer au Grand Prix disputé à La Havane, qu'il a déjà remporté l'année précédente. Cette course, dont le départ doit être donné le lundi 24 février, est organisée à l'initiative du gouvernement Batista, qui voit là un excellent moyen de valoriser son île.
Les rebelles castristes sont regroupés au sein du Mouvement du 26 juillet – en référence au 26 juillet 1953, date à laquelle Castro et ses hommes avaient attaqué une caserne militaire, ce qui vaudra la prison à Fidel – y voient quant à eux une occasion inespérée d'attirer l'attention du monde entier, en même temps que d'affaiblir Batista. Ils décident de kidnapper le pilote argentin, l'une des plus grandes célébrités de son temps.

L'opération a lieu dans le hall de l'hôtel Lincoln, où séjourne Fangio, la veille de la course. Celui-ci s'est qualifié en pole position plus tôt dans la journée, et s'apprête à rejoindre les autres pilotes pour boire un verre.

Au début, Fangio ne prend pas au sérieux l'homme qui le menace avec une arme à sa sortie de l'ascenseur, et croit à une blague. Il fait mine de lui obéir tout en plaisantant, jusqu'à ce qu'il sente le canon d'un pistolet s'enfoncer sur son flanc. « *C'est sérieux. Ne faites rien et il ne se passera rien. Vous êtes le prisonnier du Mouvement du 26 juillet.* » Fangio s'exécute, et prend place à bord de la Plymouth de ses ravisseurs, qui part en trombe dans les rues de La Havane.

En réalité, les rebelles ne veulent aucun mal à Fangio. Ils espèrent simplement que l'aura qui est la sienne fera office de caisse de résonance dans les médias du monde entier. Dans un premier temps, l'un des kidnappeurs va même jusqu'à emmener Fangio à son domicile pour lui présenter sa femme et son enfant. L'Argentin est ensuite emmené dans deux planques différentes, où il reçoit le meilleur traitement possible. L'intention des révolutionnaires est de libérer Fangio sitôt la course terminée, sans demander de rançon.
Le lendemain de l'enlèvement, qui comme espéré connaît un retentissement planétaire, le départ de la course est donné malgré l'absence de Fangio. Mais celle-ci prend fin au sixième tour en raison d'une sortie de route ayant occasionné la mort de plusieurs spectateurs. Stirling Moss, en tête au moment de l'interruption, l'emporte donc.

Une fois l'épreuve terminée, les rebelles cherchent à libérer Fangio sans prendre de risques, ni pour eux-mêmes ni pour leur otage. D'après un de leurs informateurs au sein du pouvoir, les forces de l'ordre auraient en effet pour instruction d'abattre tout le monde, et notamment le célèbre otage, pour mieux en faire porter le chapeau aux castristes, et les accabler aux yeux de l'opinion publique internationale.

Fangio est finalement discrètement livré à l'ambassadeur d'Argentine, en pleine nuit. En le quittant, le rebelle qui l'accompagnait aurait alors eu ces mots : « *Fangio, vous serez notre invité d'honneur quand triomphera la révolution.* » Moins d'un an plus tard, le 1er janvier 1959, Castro prendra le pouvoir à Cuba. Quant à Fangio, jamais il n'accablera ses ravisseurs. Il reverra même certains d'entre eux quand il reviendra à Cuba en 1981, mais cette fois pour affaires, en tant que Président de Mercedes-Benz Argentine. Une visite à l'occasion de laquelle il fera enfin la connaissance de Fidel Castro.

Castro était le commanditaire de l'enlèvement, mais lui et Fangio ne se rencontrèrent qu'en 1981.

GASTON LAGAFFE

LES DESSINATEURS DE BANDE DESSINÉE SONT DE GRANDS VISIONNAIRES, COMME LE PROUVE LE CAS D'HERGÉ QUI AVAIT ENVOYÉ TINTIN SUR LA LUNE QUINZE ANS AVANT NEIL ARMSTRONG, OU INVENTÉ L'IMPRIMANTE 3D DÈS 1972 DANS LE DESSIN ANIMÉ (DONT SERA TIRÉ UN ALBUM) *TINTIN ET LE LAC AUX REQUINS.*

Franquin, le père de Gaston, a quant à lui fait preuve d'une incroyable vista en matière d'automobile. En 1968, dans *Des gaffes et des dégâts*, il « inventait » à la fois le pot catalytique et le filtre à particules, lequel n'apparaîtrait qu'en l'an 2000 sur la Peugeot 607.

Il s'agissait en l'occurrence d'un ballon gonflable greffé à la vénérable Fiat 509 dont il collectait les gaz d'échappements, préservant ainsi les poumons et les bronches des citadins. Évidemment, les affaires se corsent quand en fin de journée il faut vider le ballon de son contenu...

Au milieu des années 70, la Fiat se verra dotée d'un coussin gonflable se déployant en cas de choc, soit très précisément le principe de l'airbag qui sera pour la première fois monté en série en 1980, à bord de la Mercedes Classe S ! Seul défaut du modèle Lagaffe, il se montre un peu trop sensible et ne se dégonfle pas instantanément. Ce qui fera dire à Prunelle : « *En cas d'accident, on n'est pas blessé... on meurt étouffé... c'est plus propre, quoi...* »

Parfait laboratoire d'innovations, la Fiat de notre héros testera la carburation au gaz dès 1978 (in *Le gang des gaffeurs*), alors même qu'il faudra attendre 1982 pour voir la première voiture GPL de série, en l'occurrence la Renault 4 F4. Hélas, les trois bonbonnes greffées au pavillon vont, comme dans la réalité surtout se révéler de redoutables explosifs (du moins pour les réservoirs non munis de soupape de sécurité qui seront longtemps installés).

Enfin, Gaston inventera la voiture hybride dès 1982, avec un moteur électrique dont l'alimentation était assurée par une éolienne montée sur le toit. Le principe : une fois la batterie chargée, Gaston pouvait couper le moteur thermique et rouler sans émettre de CO_2. Ce n'est que quinze ans plus tard que Toyota commercialisera la Prius.

La Fiat 509 de Gaston Lagaffe, un formidable laboratoire d'innovations (!).

KARL LAGERFELD

S'IL NE CONDUIT PAS LUI MÊME, **KARL LAGERFELD AIME L'AUTOMOBILE.**

Ces dernières années, on l'aura vu circuler en Hummer dans Paris, poser avec un magnifique gilet jaune pour promouvoir la Sécurité routière, participer à des publicités pour Volkswagen ou encore « déconstruire » en photo la spectaculaire Audi R8 pour un calendrier.

Le couturier est aussi passionné de photographie. Ici en plein shooting pour le calendrier Opel 2015.

Plus récemment, le grand Karl a signé le calendrier 2015 édité par Opel pour sa nouvelle Corsa. Pas de mannequin vedette sur ces images : c'est Choupette, son chat (un Sacré de Birmanie), qui a été invitée à découvrir la petite citadine, le temps d'une séance dans un studio photo parisien. Que l'on se rassure, la bête n'a pas été maltraitée, ainsi que l'a déclaré le photographe : « *Choupette s'est parfaitement acquittée de sa tâche – aussi bien que je l'aurais attendu d'un top model. Elle était détendue, qu'elle soit au volant ou sur le toit de l'Opel. Elle n'était pas du tout stressée. Cependant, elle a dormi pendant douze heures après que nous eûmes fini.* »

Pourquoi ce goût de l'automobile, au fait? « *J'aime les belles voitures, je les aime en tant qu'objets* », déclare simplement le maître, à qui l'on doit aussi les images du calendrier Pirelli 2011. Or, qui dit belle voiture dit forcément Rolls-Royce. Il avait consacré aux modèles de la marque une série de photographies en noir et blanc, prises à l'été 2012 dans sa maison de Ramatuelle et exposées au siège de Rolls-Royce quelques mois plus tard. Des images qui tendaient vers l'abstraction pure, d'où le choix de les appeler « *A different view* » : « *Je vois le monde, la mode et les automobiles au travers de mon objectif. Cela me permet de conserver une distance critique vis-à-vis de mon travail. Cette approche m'est plus utile que ce que je pensais au départ dans ma vision de la réalité. Le support technique de la photographie est un outil bienvenu pour mon travail artistique, me permettant de donner corps au regard différent que je porte sur le monde* », avait-il déclaré alors.

Parmi les images les plus marquantes, un paysage méditerranéen se reflétant dans le rétroviseur de sa propre Phantom Drophead Coupé, splendide engin de 5,61 mètres de long, 2,6 tonnes à vide, et 460 ch. Une voiture qui, selon Rolls-Royce, s'inspire directement des somptueux voiliers de course Classe J des années 30, cathédrales flottantes taillées pour la course et dont la coque de bois ne constituait pas le moindre des charmes. Performances, simplicité, harmonie avec l'environnement... Ceci nous ramène directement à cette élégante déclaration de l'artiste au sujet de ses images de Rolls : « *Ça parle du reflet des arbres et du ciel sur une voiture.* »

RALPH LAUREN

LE COUTURIER AMÉRICAIN EST UN COLLECTIONNEUR DES PLUS AVERTIS, AINSI QUE LE GRAND PUBLIC AVAIT PU LE CONSTATER AU PRINTEMPS 2011 **QUAND 17 DE SES VOITURES AVAIENT ÉTÉ EXPOSÉES AU MUSÉE DES ARTS DÉCORATIFS À PARIS,** DANS UNE MISE EN SCÈNE DE L'ARCHITECTE JEAN-MICHEL WILMOTTE.

On y découvrait des modèles sportifs de plusieurs époques, véritables merveilles parmi lesquelles une Bentley Blower 1929 (qu'Ettore Bugatti qualifia à l'époque de «*camion le plus rapide du monde*»), une Bugatti 57 SC Atlantic 1938 (qui a inspiré le dessin d'une de ses montres), une Ferrari 250 GTO 1962 (la 21ème produite sur 36 entre 1962 et 1964) ou une McLaren F1 LM 1996. L'homme dit considérer l'automobile comme un art contemporain parmi d'autres, et les voitures comme des sculptures à la fois mobiles et sonores. Il a un faible pour les modèles européens, qui évoquent pour lui l'esthétique, le style et la noblesse automobiles, contrairement aux américaines, à l'exception de certaines Ford et surtout de la Jeep Willys, pour les raisons historiques que l'on connaît. Quand on lui demande s'il conduit ses voitures, la réponse est claire : «*Je les conduis toutes régulièrement car elles sont toutes en état de marche. Je suis même capable de les reconnaître au son de leur moteur.*» Et une fois qu'il a jeté son dévolu sur un modèle, Ralph Lauren le conserve à vie : «*Pour moi, la voiture est une question de passion amoureuse, je n'arrive pas à quitter mes autos successives.*» Enfin, si les seules productions tricolores qu'il possède sont des Bugatti, il avoue un faible pour la 2CV : «*C'est une voiture typiquement française, et c'est pour ça qu'elle me plaît.*»

Ralph Lauren possède l'une des plus belles collections au monde. Il se vante de reconnaître ses voitures à l'oreille.

CLAUDE LELOUCH

L'UNE DES MEILLEURES ASSOCIATIONS ENTRE UN PERSONNAGE DE CINÉMA ET SA VOITURE EST PEUT-ÊTRE CELLE DE JEAN-LOUIS TRINTIGNANT ET DE SA FORD MUSTANG DANS *UN HOMME ET UNE FEMME*, EN 1966.

Pourtant, le miracle faillit ne jamais avoir lieu car l'acteur devait initialement jouer le rôle d'un avocat.

La Mustang d'*Un homme et une femme* faillit être une Alpine.

Dans une interview à *Car Life*, Claude Lelouch s'en était expliqué: «*Trintignant, j'en avais fait un avocat qui venait voir son fils tous les week-ends. Et puis, quand je lui parle du film, je lui dis «Bon, j'ai une idée de métier. Je vais te le dire tout à l'heure, mais qu'est-ce que tu aimerais incarner? Il me répond "un pilote automobile". Eh bien, je lui ai dit: "Écoute, c'est l'histoire d'un pilote automobile..." En deux secondes j'ai quitté l'avocat.*» Restait à lui trouver une voiture. Lelouch, encore: «*Quand on a eu l'idée de faire le film, on a pensé aux Renault Alpine, qui marchaient bien en rallye. Ils m'ont dit non tout de suite, parce que je n'étais pas du tout connu.*» Rebelote chez Peugeot. Lelouch se tourne ensuite vers la marque américaine: «*À trois semaines du tournage, je n'avais pas la bagnole. On avait un ami, Henri Chemin* (époux de la comédienne Claude Gensac), *qui travaillait chez Ford. Je n'aurais jamais eu l'idée de la Mustang, ce n'était pas une voiture faite pour ça. Chemin avait un copain concessionnaire Ford qui avait des Mustang, et ce copain en avait un autre qui me dit: "Je peux vous trouver une GT40 pour les essais à Montlhéry." Banco! En plus, quand je la vois, je la trouve très belle. Et depuis qu'elle est devenue une star de cinéma, je la trouve encore plus belle! Après, ils l'ont prise dans* Bullitt. *Finalement, qu'est-ce que je me serais emm... avec une Renault!*» Une Palme d'or, deux Oscars et quatre Golden Globes plus tard, la Mustang gagnait ses galons de stars.

Jean-Louis Trintignant goûtera à la course automobile – en vrai – quelques années après le film de Lelouch.

Véritable amoureux de l'automobile, Claude Lelouch aura aussi réalisé – volant en mains – l'un des courts-métrages les plus vus sur Youtube, *C'était un rendez-vous* (1976), qui met en scène une traversée de Paris au petit matin à fond de train, sans la moindre considération pour le code de la route : « *Je raconte l'histoire d'un mec qui va à un rendez-vous, il est en retard, il prend tous les risques. Il considère que pour une histoire d'amour on ne peut pas arriver en retard. Je suis dans l'humain. Ce qui fait la force de* C'était un rendez-vous, *c'est qu'il sort de la voiture, et il y a une femme qui l'attend.* »

Dans *C'était un rendez-vous*, le bruit est celui d'une Ferrari mais les images ont été tournées avec une Mercedes 450 SEL.

Si le bruit du moteur est celui d'un bolide, les images ont en réalité été tournées avec une Mercedes 450 SEL (celle de Lelouch), qui présentait l'avantage d'être dotée d'une suspension hydropneumatique, au bénéfice de la stabilité des images (la caméra était fixée à l'avant de la voiture).

Soit une traversée de Paris à fond de train, aux aurores, sans filet de sécurité ou presque. Un tournage parfaitement inenvisageable aujourd'hui.

Le parcours sera ensuite refait à bord d'une Ferrari, mais uniquement pour la bande-son. Lelouch avait décidé de réaliser ce film la veille du tournage, sans préparation, comptant sur les dieux du cinéma pour réaliser cette traversée sans accident, bien sûr, mais aussi pour arriver à destination avant de tomber à court de pellicule : « *Il ne fallait pas que je m'arrête, parce que le principe-même de ce film était de ne pas s'arrêter.* » L'unique précaution sera de poster Elie Chouraqui, alors assistant réalisateur, au niveau des guichets du Louvre, pour ne pas percuter une voiture arrivant de la rue de Rivoli : « *Là j'avais mis une protection, parce que c'était le seul endroit où je n'avais pas de visibilité. J'avais dit à Elie "s'il y a un problème, si tu sens que je ne peux pas passer quand tu me vois arriver, tu me préviens." Et il ne m'a pas prévenu. Et après il m'a expliqué que le talkie était en panne!* »

L comme...

LE MANS 1967

LES 24 HEURES DU MANS 1967 RESTERONT COMME L'UNE DES PLUS BELLES COURSES DE L'HISTOIRE, CECI GRÂCE À UN INCROYABLE COUP DE BLUFF.

Départ du Mans 1967 : Ferrari croit qu'il s'agit d'une course d'endurance, alors que Ford a décidé qu'il s'agirait d'un sprint.

Dans l'euphorie de son écrasante victoire en 1966, Ford annonce qu'il remet son titre en jeu l'année suivante. Ferrari, qui a remporté 5 fois d'affilée la prestigieuse épreuve entre 1960 et 1965 (à l'époque, une victoire au Mans a plus de valeur qu'une victoire en Grand Prix) et se considère comme chez lui dans la Sarthe, décide de laver l'affront et déploie à cette fin de grands moyens, avec une armada de 330 P4 ultra-performantes.

Des voitures dont la mise au point a démarré dès l'automne précédent, et qui s'offrent le luxe d'humilier les Ford en signant un triplé aux 24 Heures de Daytona 1967. Un résultat qui pique au vif l'état-major du constructeur américain, qui développe très rapidement une déclinaison encore plus musclée de la GT40, baptisée Mk IV, animée comme l'année précédente par un V8 de 7 l (contre 4 l au V12 Ferrari).
Au mois d'avril, les écuries se retrouvent pour des essais préliminaires au Mans, et Ferrari domine largement les débats en réduisant de 5 secondes le record du temps au tour signé par Dan Gurney l'année précédente. Sûr de sa force, Enzo Ferrari décide de jouer la prudence en réduisant la puissance du V12. Et signe par la même occasion une incroyable erreur stratégique, car il s'est en réalité fait « endormir » par Ford qui avait caché son jeu.

Aux essais d'avant-course, la Ford la plus rapide signe la pole position avec 4 secondes d'avance sur la première Ferrari, et 6 secondes d'avance sur le temps record établi par la GT40 Mk II l'année précédente. L'épreuve d'endurance s'apparente ensuite à un Grand Prix, les abandons se multiplient (16 voitures à l'arrivée sur 54 au départ), et les Ferrari ont toutes les peines du monde à suivre le rythme imprimé par les Ford qui ne quittent pas la tête de la meute pendant les deux tours d'horloge.

Le GT40 pilotée par A.J. Foyt et Dan Gurney l'emporte avec 4 tours d'avance sur la première Ferrari, soit un peu plus de 52 km, à une vitesse moyenne de 218 km/h contre 201 km/h l'année précédente ! Une véritable leçon.

Et pour beaucoup d'observateurs, une course qui restera comme celle du siècle. L'année suivante, l'Automobile Club de l'Ouest modifiera son règlement pour limiter la puissance des voitures.

La Ford GT40 victorieuse aura parcouru 5232 km en 24 heures.

L comme...

SÉBASTIEN LOEB

AU GRÉ D'OPÉRATIONS DE PROMOTIONS, IL EST PARFOIS ARRIVÉ À SÉBASTIEN LOEB DE REMPLACER SON COÉQUIPIER DANIEL ELENA PAR DES JOURNALISTES.

Neuf titres de champion du monde des rallyes au compteur pour Sébastien Loeb. Après avoir embarqué à ses côtés, vous comprenez mieux pourquoi...

C'est ainsi que l'auteur de cet ouvrage eut le privilège, pour un article publié dans *L'Optimum* reproduit ici en version raccourcie, de prendre place à bord de la Citroën C4 WRC (la séance eut lieu juste avant la mise en service de la DS3). Ou comment 3 minutes en voiture peuvent vous marquer pour la vie. Contact.

Badoum ! Badoum ! Badoum ! Les 4 cylindres mugissent comme des fauves affamés, prêts à dévorer l'étroit ruban de terre qui se déroule devant la calandre de la Citroën C4 WRC. Sanglé serré dans son baquet, votre serviteur casqué n'en mène pas large, partagé entre l'excitation procurée par la promesse d'émotions fortes et l'appréhension légitime de celui qui, dans quelques secondes, va se voir catapulté à l'assaut de ce coin de nature normande soudainement transformé en enfer mécanique. Pourtant, je ne laisserais ma place pour rien au monde. Car à ma gauche, c'est-à-dire au volant, se trouve Sébastien Loeb, 7 fois champion du monde des rallyes et l'un des plus grands pilotes de tous les temps, toutes catégories confondues (il arrêtera la série après son neuvième titre, pour se lancer en compétition sur circuit). Nous voici donc côte-à-côte dans son « bureau ». En l'occurrence l'habitacle de sa fabuleuse bête de course jamais vaincue sur asphalte. Sous le capot, 330 Ch pour tirer cette « carriole » de 1230 kilos et dotée de quatre roues motrices.

Dans quelques secondes, ma vie va tenir entre les mains expertes du champion, virtuose du contrebraquage, artiste du freinage « pied gauche », ténor du transfert de masse. Et je n'ai même pas peur !

Parce que je sais que mon chauffeur de très grand luxe va conduire en-deçà de ses possibilités et de celles de la machine. Du moins l'espéré-je. Bien sûr, je perdrai vite mes illusions. Car si j'avais eu l'occasion de lire son livre* avant d'embarquer, j'aurais appris que ce fou du volant estime ne pas vivre dangereusement. Et, surtout, que les voitures de course donnent le meilleur d'elles-mêmes quand on cherche à gratter les derniers dixièmes de seconde : « *à vitesse moindre, leur comportement est plus imprévisible* ». En d'autre termes, c'est quand il tutoie les limites que l'animal – à sang froid, les battements de son cœur ne dépassant ainsi pas 155 pulsations par minute en moyenne lors d'une spéciale – se sent le plus rassuré ! Simple question de point de vue...

Et c'est parti ! Pied droit « à la tôle » pour lui, le dos écrasé sur le dossier pour moi. La force de la poussée est directement comparable à celle délivrée par un avion de ligne au décollage.

Sauf que là, nous n'évoluons pas en ligne droite sur un tarmac impeccable, mais sur un chemin de terre agrémenté de trous, de flaques et de pierres, et bordé en certains points d'impressionnantes ornières. La première courbe à droite est avalée avant même que j'aie réalisé que nous n'allions pas filer droit dans le décor, et il en va de même pour la suivante, à gauche. Lancée à 130 km/h dans les chemins creux, la C4 soulève sur son passage un spectaculaire panache de poussière. Passé l'effroi (n'ayons pas peur des mots) légitime des premières secondes, je me laisse rapidement gagner par une griserie absolue: j'ai été propulsé dans une autre dimension, c'est certain. D'ailleurs, à ma gauche, surprise ! Ce n'est plus Sébastien Loeb... mais Shiva ! Il me donne en effet l'impression d'avoir au moins six mains qui se saisissent du volant en haut, à droite, à gauche, tout en changeant de vitesse ou tirant le frein à main, le tout si rapidement que mon œil a presque du mal à suivre. Dans le même temps, ses quatre pieds (minimum !) dansent d'une pédale à l'autre avec célérité, comme si celles-ci le brûlaient. Coordination, précision, rapidité : c'en est presque surnaturel. Je suis en fait saisi par le contraste opposant ce déchaînement de violence mécanique à la maîtrise et au calme requis pour tenir le volant de façon efficace.

La Citroën C4 WRC remportera 37 victoires en championnat du monde entre 2007 et 2010.

Et je mesure mieux le déploiement de talent nécessaire pour rouler plus vite que la concurrence sur les routes du championnat du monde, quand la victoire sur une spéciale longue de 30 kilomètres de routes parfois défoncées se joue à la seconde près…

Dans mon baquet, me voici secoué, balloté, mais heureux comme un gosse. La C4 donne l'impression de survoler la piste, les virages ne sont que des formalités, le pilote inscrivant la voiture dans les courbes alors que nous nous trouvons encore en ligne droite.

Les bosses ? Inexistantes, ceci grâce à l'incroyable travail des suspensions qui semblent gommer toutes les aspérités du relief. Nous arrivons maintenant en haut d'une butte à plus de 100 km/h…et décollons sur une petite dizaine de mètres. Le moteur a à peine le temps de s'emballer pendant ces quelques centièmes de seconde passés en l'air que déjà nous atterrissons sans le moindre rebond qui trahirait des amortisseurs trop durement sollicités. C'est bluffant. L'auto poursuit sa route, imperturbable, dans un grondement réjouissant qu'accompagne le sifflement du turbo. Pour usé qu'il soit, le cliché de l'homme qui fait corps avec sa machine résume à merveille l'impression qui se dégage de cet exercice de haut vol. Nous attaquons un deuxième tour de circuit, alors même que le nuage de poussière soulevé lors du premier a à peine eu le temps de retomber, et c'est reparti pour le festival. En travers, en glisse ou en l'air, difficile de garder tous ses repères. Au final, trois minutes d'injection de pure adrénaline qui feront encore sentir leurs effets plusieurs semaines plus tard. Le travail du vrai copilote, Daniel Elena, ne m'en apparaît ainsi que plus méritoire, lui qui se fait secouer à longueur d'année dans les conditions les plus extrêmes, tout en remplissant son rôle avec talent… Allez, spéciale terminée. ●

**Ma ligne de conduite*, Sébastien Loeb (éd. Michel Lafon)

Après le rallye, Loeb s'est lancé dans une carrière sur circuit, ainsi qu'au Dakar. Avec de beaux résultats à la clé.

LOTO

FAITES LE TEST AUPRÈS DE VOS AMIS, EN LEUR DEMANDANT QUELLE VOITURE ILS ACHÈTERAIENT S'ILS GAGNAIENT AU LOTO.

Des marques mythiques telles que Porsche, Ferrari ou Jaguar seraient spontanément citées. Pourtant, les – vrais – gagnants du loto, une fois le choc passé, se montrent pour la plupart d'entre eux bien plus raisonnables, ainsi que l'ont démontré les sociologues Michel Pinçon et Monique Pinçon-Charlot dans la grande enquête qu'ils leur ont consacré (*Les millionnaires de la chance*, éd. Payot).

Parmi ces chanceux, on trouve de nombreuses personnes qui, souvent d'origine modeste, doivent faire l'apprentissage de la richesse. Une fois prise la décision d'arrêter le travail, ils ne jouent pas les flambeurs, même si l'automobile peut faire exception : « *L'automobile est sans doute l'achat le plus systématique. C'est l'un des rares produits de luxe, sinon le seul, avec lequel des gens d'origine modeste se sentent compétents. Ils ne sont pas intimidés par l'objet comme ils pourraient l'être d'une rivière de diamants ou des vêtements de grande marque. Il est nettement plus difficile d'entrer dans une boutique Dior que dans une concession. Au cours de notre enquête, nous n'avons toutefois pas vu de Rolls ou de Ferrari, jugées trop voyantes. Il y en a, bien sûr, mais finalement assez peu. Les Mercedes se sont banalisées, comme les BMW, ces marques passent assez bien. En fait, le plaisir de se faire remarquer est rare* », résume le sociologue dans une interview réalisée par votre serviteur pour *Question Auto*.

« *Les gagnants, même après avoir encaissé un chèque considérable, revendiquent volontiers de rester ce qu'ils sont, avec la richesse économique en plus. C'est une sorte de devoir. Ils s'orientent en général vers des 4x4, peut-être attirés par le sentiment de sécurité que ces carrosseries inspirent.* » Surtout, tous disent apprécier de payer cash, « *pour décliner avec hauteur la proposition du vendeur de télé qui leur suggérait un crédit gratuit sur trois mois pour l'écran plat dont ils rêvaient.* » Ce qui n'empêche pas les malentendus, telle la mésaventure de cet heureux gagnant de 3 millions d'€ qui, à peine encaissé son chèque, jeta son dévolu sur une BMW. Un rêve inaccessible, pour une famille qui gagnait jusqu'ici 2200 € par mois. Michel Pinçon: « *Il se rend chez le concessionnaire, et tombe sur un commercial qui lui indique d'un geste de la main, sans se lever, l'extrémité du garage : "les occasions, c'est par là." Au volant de sa Mercedes, il prend depuis un malin plaisir à passer au ralenti devant le garage BMW...* »

Les Porsche ou Ferrari n'ont pas forcément les faveurs des gagnants du loto, qui leur préfèrent des véhicules plus sobres.

M comme...

STEVE MCQUEEN

SI CERTAINS ACTEURS MONTAIENT SURTOUT DANS DES VOITURES DE COURSE POUR ÉPATER LA GALERIE, ON PEUT SANS HÉSITATION CLASSER STEVE MCQUEEN (1930-1980) DANS LA CATÉGORIE « PILOTES ».

L'homme a commencé par la moto tout-terrain (sa grande passion) avant de s'intéresser au sport automobile. Il y connaîtra une certaine réussite, ainsi qu'en atteste sa deuxième place aux 12 heures de Sebring en 1970, avec une Porsche 908.

« *Je ne sais plus si je suis un acteur qui court, ou un pilote qui joue* », déclara-t-il un jour. À son grand regret, il n'avait pas le droit, pour des questions d'assurance, de réaliser ses cascades lui-même dans ses films, tels que *La grande évasion* (1963) ou *Bullitt* (1968). Il se rattrapera en tournant lui-même certaines scènes au volant dans *Le Mans* (1971), né de sa volonté de rendre hommage à l'épreuve mythique, et qui connaîtra un tournage extrêmement difficile. « *La course, c'est la vie… Tout ce qui se passe avant ou après n'est que de l'attente* », l'une de ses répliques dans le film, est passée à la postérité. ●

Bien qu'un peu soporifique, *Le Mans* contient quelques magnifiques scènes de course.

Steve McQueen aura fixé les canons du *cool*, ce qui lui vaut d'être toujours à l'honneur de la presse mode et lifestyle.

M comme…

MÉNAGERIE

SUR LES 22 GRANDES MARQUES IMPLANTÉES SUR LE MARCHÉ FRANÇAIS, 7 ONT **INTÉGRÉ UN ANIMAL DANS LEUR LOGO.**

PEUGEOT PORSCHE JAGUAR

Ainsi, le lion Peugeot, la vouivre (dragon-serpent) Alfa Romeo et le cheval Porsche renvoient au berceau de chacune des entreprises : armoiries comtoises pour le premier, armes de la famille Visconti, qui a régné sur le duché de Milan pour le deuxième, et logo de la ville de Stuttgart pour le troisième. Pour le scorpion Abarth et le taureau Lamborghini, les considérations sont d'ordre astrologique : Karl Abarth est né un 15 novembre, et Ferrucio Lamborghini un 28 avril. À quoi s'ajoute, pour ce dernier, un goût pour la corrida qui l'amènera notamment à visiter la Ganadería Miura, près de Séville. Les patronymes de la quasi-totalité des Lamborghini fait d'ailleurs référence à l'univers de la tauromachie (Aventador, Islero, Gallardo, etc. sont les noms de fameux *toros*). Chez Jaguar, le choix s'explique par la recherche d'un symbole de performances, alors qu'après la Seconde Guerre Mondiale il fallait changer le nom originel de l'entreprise, Swallow Sidecar, un SS devenu bien lourd à porter.

Reste le cas du logo Ferrari, de loin le plus romantique.

En 1923, Enzo Ferrari, alors pilote de course après avoir été journaliste, fait la connaissance du couple Baracca, parents d'un as de l'aviation italienne mort au combat en 1918. Le militaire avait fait peindre sur son avion l'emblème du régiment de cavalerie du Piémont au sein duquel il avait débuté sa carrière. Les parents Baracca enjoignent alors Ferrari de reprendre le *cavallino rampante* de leur fils sur ses voitures, en lui assurant que cela lui portera chance. Le pilote s'exécute, le cheval apparaissant sur un fond jaune qui est celui de la ville de Modène dont il est originaire (ceci explique aussi pourquoi l'on considère le jaune comme l'autre couleur « officielle » des Ferrari). Puis Ferrari conserve cet emblème comme logo de son écurie de course. Il apparaît ainsi en 1932 sur les Alfa Romeo de la *Scuderia Ferrari*, et en 1947 sur la 125 S, la première voiture produite à Maranello, surmonté des couleurs du drapeau italien. À de légères modifications près, sa présentation n'a pas changé depuis.
Signalons aussi le griffon ornant le capot des Vauxhall (les Opel britanniques), le gerfaut des Venturi (quand la marque produisait des sportives à moteur thermique), le bélier des « trucks » Ram vendus aux États-Unis, ou bien encore, mais il s'agit là de noms de modèles seuls, les Ford Mustang ou Scorpio, l'AC Cobra ou la Dodge Viper. Comme on le voit, pas de place pour les hamsters et autres chihuahuas !

MERCI (LES CONSTRUCTEURS ET ÉQUIPEMENTIERS)

À EN CROIRE LES POUVOIRS PUBLICS, L'AMÉLIORATION DES STATISTIQUES DE SÉCURITÉ ROUTIÈRE EST UNIQUEMENT LE FAIT DE L'INSTALLATION DES RADARS AUTOMATIQUES.

S'il est vrai que leur déploiement depuis 2003 s'est accompagné d'une baisse quasi-mécanique du nombre de tués sur les routes, ce prêt-à-penser apparaît bien trop réducteur. Il serait temps de rendre grâce à nos chères voitures qui, grâce aux équipementiers qui développent des systèmes d'aide à la conduite toujours plus performants et grâce aux conducteurs qui les en dotent, ont accompli d'incroyables progrès depuis une quinzaine d'années. Bosch affirme ainsi que l'antidérapage ESP, qu'il a co-inventé, a évité plus de 190 000 accidents et sauvé plus de 6000 vies depuis la fin des années 90. Pour mémoire, rappelons que celui-ci combat à la fois le sous-virage et le survirage en agissant directement sur les freins et en modulant la puissance du moteur. La bonne nouvelle, c'est que ledit ESP est obligatoire depuis le 1er novembre 2014 sur tous les véhicules neufs vendus en Europe. L'organisme indépendant EuroNcap, qui soumet notamment les voitures au crash-test (que de progrès là aussi !), rappelle qu'au moins 40% des accidents mortels résultent de pertes de contrôle, et que la présence d'un ESP peut réduire le nombre de ces accidents de 30% en moyenne. Depuis le début des années 2000, l'arsenal se complète sur toutes les gammes, même les plus modestes, de système de préparation à la collision (si les capteurs détectent un risque de collision frontale, le système peut déclencher une alerte sonore et visuelle, pré-amorcer le système de freinage, voire déclencher un système de freinage automatique), de régulateurs de vitesse veillant au respect des interdistances, d'avertisseurs de sortie de file de circulation, de reconnaissance des panneaux de circulation, ou d'appel automatique aux services de secours en cas d'accident.

Autres « oubliés » des discours officiels, les pneus, dont on rappelle simplement qu'ils constituent le seul point de contact entre une voiture et la route. Chez Michelin, leader mondial, 6000 personnes travaillent dans le secteur Recherche & développement, pour un budget annuel dépassant 600 millions d'€. Si on installait un pneu d'hier sur une voiture d'aujourd'hui, les différences seraient phénoménales, que ce soit en termes de bruit, de comportement routier, de freinage ou de consommation. Là encore, nous avons des « héros » très – trop – discrets. Une avancée majeure est également attendue avec la généralisation des détecteurs de somnolence, celle-ci étant la première cause d'accident sur autoroute (un accident sur trois). Et l'on pourrait poursuivre l'énumération sur des pages. Bref, il est important de ne pas céder aux raisonnements trop faciles : la sécurité routière ne peut s'améliorer que par la combinaison de nombreux facteurs, et il serait bon que les constructeurs fassent davantage entendre leur voix, ce qui ne serait pas du luxe dans l'ambiance aisément autophobe du moment. ●

MINES

DANS SON ÉDITION 1946, LE GUIDE MICHELIN PORTE CETTE MENTION, EN CARACTÈRE GRAS:

« Avant de choisir une plage, avant de décider une excursion sur la côte ou en forêt, consultez la carte Michelin au 200 000e qui indique les zones minées. »

Les premières éditions du Guide Michelin sont aujourd'hui très cotées. En 2014, un collectionneur déboursera ainsi 30 000 € aux enchères pour une série de trois (1900, 1901, 1902).

En 1900, année de lancement du Guide Michelin, on comptait 3 500 automobiles en France.

FRANÇOIS MITTERRAND

FRANÇOIS MITTERRAND SE FAISAIT PRÉSENTER LES NOUVEAUTÉS RENAULT DANS LA COUR DE L'ÉLYSÉE: DEVANT LES CAMÉRAS DE TÉLÉVISION, IL PRENDRA SUCCESSIVEMENT LE VOLANT DE LA SUPERCINQ, DE LA TWINGO OU DE LA LAGUNA, CE QUI REPRÉSENTAIT UNE TRÈS BONNE PUBLICITÉ POUR LES PRODUITS DE L'EX-RÉGIE.

Meilleure, en tout cas, que l'expression de « gang des R25 » qui désignait les responsables socialistes, et a parfois symbolisé les dérives financières de certains proches du pouvoir dans les années 80.

Au salon de l'auto 1986, le Président, installé au volant d'une Renault (forcément), s'était prêté au jeu des questions/réponses avec des enfants : « *Qu'est-ce qui vous plaît le plus dans une voiture ? La vitesse, le confort ou la beauté ?* » « *La vitesse ? Je ne suis pas un conducteur lent, mais il y a des limites raisonnables. Donc pas trop la vitesse. Mais j'apprécie la tenue de route, pour marcher d'une façon régulière* ». D'ailleurs, à l'arrière de sa R25 blindée, François Mitterrand ne dédaignait pas s'affranchir des limitations de vitesse. Précision : son chauffeur Pierre Tourlier n'a jamais passé l'examen du permis de conduire. Celui-ci lui avait été « donné » à l'armée... ●

La R25 est un des symboles des septennats de François Mitterrand, ouvertement pro-Renault.

M comme...

FRÉDÉRIC MITTERRAND

SI SON ONCLE ROULAIT POUR RENAULT, LE FUTUR MINISTRE DE LA CULTURE **ÉTAIT PLUTÔT BRANCHÉ OPEL.**

On se souvient ainsi de ce spot diffusé à la fin des années 80, dans lequel il incarnait une sorte de journaliste de télévision, filmé devant une concession de la marque allemande pour y annoncer la mise en place de l'opération « rentrée superstar », avec « *des offres formidables sur Corsa et Kadett, reprise 5 000 et 6 000 francs minimum* ».

Cerise sur le capot, apparaissait en guest-star finale Dino (sans Shirley), qui venait féliciter Frédo pour sa prestation. Un grand, grand numéro en effet !

La pub Opel mène à tout, à condition d'en sortir. Pour Frédéric Mitterrand, cela ira jusqu'au Ministère de la culture.

GIORGIO MORODER

QUI SE SOUVIENT QUE LE COMPOSITEUR VEDETTE DES ANNÉES 70, **ROI DE LA DISCO** (*LOVE TO LOVE YOU BABY*, DE DONNA SUMMER, C'EST LUI !), **AUTEUR DE 10 BANDES ORIGINALES DE FILMS (DONT CELLE DE *MIDNIGHT EXPRESS*, POUR LAQUELLE IL RÉCOLTERA UN OSCAR,** OU CELLE DE *SCARFACE*), ET REMIS À LA MODE PAR DAFT PUNK DANS SON DERNIER ALBUM (« *GIORGIO BY MORODER* »), **AVAIT AUSSI CRÉÉ « SA » SUPERCAR À LA FIN DES ANNÉES 80 ?**

Il s'associa pour cela à Claudio Zampolli, un businessman italien et ancien de chez Lamborghini, et le design en fut confié à Marcello Gandini, qui signa entre autres les Lamborghini Countach et Lancia Stratos.

Le style exubérant de la Cizeta Moroder est typique des années 90.

Celui-ci reprit le dessin qu'il avait initialement proposé pour la Lamborghini Diablo, et qui avait été jugé trop exubérant par les dirigeants de Chrysler qui venaient de racheter la marque. Pour animer la bête, fut retenue une étonnante motorisation V16 (deux V8 accolés, solution permettant de se démarquer des classiques V12), pour 540 ch et plus de 320 km/h en pointe, une vitesse qu'aucun journaliste n'aura d'ailleurs l'occasion (ou l'inconscience) d'aller vérifier...

La Cizeta Moroder V16T – prononcer Cheï-Zeta, les initiales de Claudio Zampolli en italien, tandis que le T fait référence à la position transversale du moteur – sera présentée sous sa forme définitive au salon de Genève en 1991, mais n'obtiendra pas un grand succès : 8 exemplaires seront vendus, dont 2 au Sultan de Brunei, et la production cessera au bout de quatre ans. L'auto est donc un collector, même s'il reste difficile d'en évaluer aujourd'hui la valeur. ●

MUSCLE CARS

COMME SOUVENT AVEC LES BONS PLATS, LA RECETTE EST SIMPLE : PRENEZ UN MODÈLE BANAL, DE PRÉFÉRENCE À DEUX PORTES, **GREFFEZ-LUI UN GROS V8 GLOUGLOUTANT SOUS LE CAPOT,** AMÉLIOREZ SES TRAINS ROULANTS POUR PASSER LA PUISSANCE AU SOL AVEC LE PLUS D'EFFICACITÉ POSSIBLE, **AJOUTEZ DES FREINS DIGNES DE CE NOM, ET HOP !**

Vous avez l'Amérique à vos pieds (surtout le droit). Enfin, on parle ici de celle des sixties, optimiste et sûre d'elle telle que la célébraient par exemple les Beach boys dans *409* (*...she's real fine my four-o-nine...*), titre enregistré en 1962 et qui faisait référence à la cylindrée de 409 Cubic inches, soit 6,7 l, du V8 animant alors la Chevrolet Impala SS.

Difficile de déterminer la date d'apparition précise des muscle cars : dès la fin de la Seconde Guerre Mondiale, il était courant d'installer de puissants moteurs sous les capots de modèles des années 30, avec comme base favorite le coupé trois fenêtres Ford 1932, dit Deuce : les *hot rods* étaient nés. Toutefois, le consensus semble s'établir autour du fait que la première muscle car de série était la Pontiac GTO, en 1964. Appellation retenue en référence à celle donnée par Ferrari à sa (déjà) mythique 250, qui signifiait Gran Turismo Omologato. Tout un programme pour un coupé doté d'un V8 de 6,4 l, un *Big block* développant quelques 348 ch dans sa configuration la plus puissante, capable de passer de 0 à 100 km/h en moins de 5 secondes, et proposée à des prix alors hyper-attractifs. Un modèle au succès immédiat – bien au-delà des espérances de General Motors dont les dirigeants n'avaient pas été mis au courant de

Apparue en 1964, la Pontiac GTO peut être considérée comme la première muscle car de série. Le style est encore sage, mais la tendance est lancée.

l'existence du projet conduit sous la houlette de l'ingénieur en chef John DeLorean, de peur qu'ils ne le sabordent – ce qui conduira tous les autres constructeurs à se lancer sur le créneau. Très vite, tous auront une voiture équivalente dans leur gamme, avec des noms toujours évocateurs : Dodge Charger et Challenger R/T, Pontiac Firebird 400 Ram Air, Ford Mustang Boss et Cobra Jet, Shelby GT 500, Chevrolet Chevelle et Camaro SS 396, Plymouth Road Runner et Barracuda Hemi.

SYMBOLE DE LIBERTÉ

Un phénomène est né. À l'époque, l'essence n'est pas chère, les préoccupations environnementales inexistantes, et les muscle cars correspondent au besoin de la jeunesse de se confronter aux lois et aux règles – routières, mais pas seulement – en vigueur, alors qu'un vent de rébellion souffle sur l'Amérique.

À Détroit, capitale de l'automobile, les amateurs se retrouvent sur Woodward Avenue pour des runs sauvages, concours d'accélérations bien sûr 100% illicites, un endroit où est désormais organisé chaque année au mois d'août le Dream cruise, immense rassemblement d'américaines surpuissantes d'hier et d'aujourd'hui.

Le seul patronyme de la Plymouth Road Runner (1968-1980) sonne comme la promesse de sensations fortes. En 1970 sera également proposée une déclinaison *Superbird* de l'auto, spectaculaire à souhait.

Spectaculaires, exubérantes, les muscle cars s'imposeront aussi au cinéma. Difficile ici d'être exhaustif, aussi nous nous limiterons à un seul film: le libertaire *Vanishing point* (ou *Point limite zéro*, tourné en 1971 avec à la mise en scène un certain Richard C. Sarafian), dans lequel un ex-flic et ancien pilote automobile se lance dans une course folle au volant d'une musclée Dodge Challenger R/T, qu'il doit convoyer en 15 heures entre Denver et San Francisco, soit 2 000 km. Un trajet qu'il parcourt à fond de train avec bien sûr les forces de l'ordre aux basques, et durant lequel il est guidé via son autoradio par Super Soul, un DJ noir et aveugle qui l'aide à échapper aux contrôles.

Au fil de sa course folle, qui ne peut avoir d'issue autre que fatale, il va croiser divers marginaux et représentants de la contre-culture américaine, notamment une jolie blonde qui fait de la moto nue dans le désert. Le tout sur fond de produits illicites et au rythme des envolée du V8, élément-clé de la bande-son. Clin d'oeil amusant: le pilote-rebelle s'appelle Kowalski, comme Marlon Brando dans la pièce de Tennessee Williams *Un tramway nommé désir* (et bien sûr le film d'Elia Kazan), et comme Clint Eastwood dans *Gran Torino* (2008), titre qui fait référence à la Ford modèle 1972 que le héros conserve précieusement dans son garage, relique d'une Amérique disparue. Un modèle qui lui aussi appartient à la mythologie des muscle cars, même s'il fait partie des tous derniers.

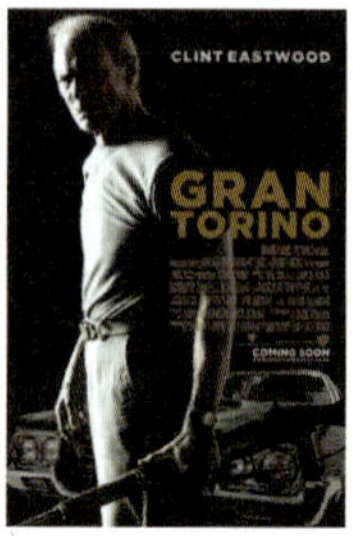

Dans *Gran Torino*, la Ford fait la fierté de l'ancien ouvrier qui l'a assemblée et précieusement conservée.

MUSCLE CARS NEVER DIE

Car les meilleures choses ont une fin, et le choc pétrolier de 1973, combiné à une accidentologie alarmante, un souci écologique plus marqué et une législation de plus en plus sévère, aura raison de ces parfaites représentantes de politiquement incorrect automobile. Ces monstres roulants vont disparaître des catalogues aussi vite ou presque qu'ils étaient apparus.

Et, après *Boulevard de la mort*, film de Quentin Tarantino sorti en 2007 et qui fait référence explicitement (entre autres) à *Vanishing point*, avec une poursuite mettant en scène une Dodge Challenger R/T conduite par des femmes qui passent du statut de proies à celui de chasseresses, c'est le très stylé film *Drive*, sorti en 2011, qui va remettre les muscle cars sous le feu des projecteurs. Avec un personnage principal quasi-mutique, lonesome cow-boy qui ne s'exprime jamais mieux qu'au volant d'un bolide, entre autres une terrible Ford Mustang noire d'avant-dernière génération, qu'il mène avec douceur (mais oui !) et une précision extrême de ses mains toujours gantées. Mais comme les bolides qui prolongent son corps, lui aussi est, d'une certaine façon, totalement inadapté au monde qui l'entoure. ●

En 2016, Chevrolet propose une Camaro fidèle aux préceptes de base des muscle cars, animée par un V8 6,2 l de 455 ch.

Et Ford en fait autant avec sa Mustang dans le film *Drive*.

N comme...

NAPOLÉON

AU FAIT, **POURQUOI ROULE-T-ON DU CÔTÉ DROIT DE LA CHAUSSÉE EN FRANCE** (ET DANS LA PLUPART DES PAYS DU MONDE) ?

Selon toute vraisemblance, l'habitude de circuler à gauche remonterait aux temps médiévaux: les cavaliers, majoritairement droitiers, portaient leur arme du côté gauche et se croisaient par la droite pour éviter que les fourreaux ne s'entrechoquent.

Et il semble que ce soit Napoléon, avec le sens de stratégie qu'on lui connaît, qui a modifié les codes en faisant attaquer ses cavaliers par la droite en tenant leur arme de la main gauche. Surprenant ainsi leurs adversaires, ils s'assurèrent de nombreuses victoires. Pour asseoir sa domination sur les territoires conquis, Napoléon leur imposa ensuite la circulation à droite. Les Britanniques, invaincus, conservèrent toutefois la circulation à gauche sur leur territoire national et dans leurs colonies.

C'est grâce à Napoléon que l'on circule à droite. Les Anglais, jamais soumis par l'Empereur, conserveront la conduite à gauche...

On note au passage qu'en Amérique, les premiers décrets imposant la circulation à droite remontent à 1792, soit dix ans après la guerre d'indépendance. Au Japon, la pratique consistant à circuler à gauche, qui perdure, serait liée aux Samouraïs et à leurs sabres (circulation à gauche pour les mêmes raisons que celles évoquées plus haut).

N comme…

PAUL NEWMAN

NOMBREUX SONT LES COMÉDIENS À AVOIR GOÛTÉ AU SPORT AUTOMOBILE, MAIS PEU ONT DÉMONTRÉ QU'ILS POSSÉDAIENT LES QUALITÉS D'UN VÉRITABLE PILOTE DE COURSE. **PAUL NEWMAN (1925-2008) FAIT PARTIE DE CETTE CATÉGORIE.**

Bien que venu à la discipline tardivement (43 ans) – à l'occasion du tournage de *Virages*, film de James Goldstone, en 1968 – il fera preuve de ses capacités en participant à plusieurs championnats américains dans les années 70, y remportant plusieurs succès. Le sommet de sa carrière sera une deuxième place aux 24 Heures du Mans 1979, où sa venue provoquera une véritable hystérie (d'ailleurs, il n'y reviendra plus). Il s'illustrera ensuite comme patron d'écurie avec son complice Carl Haas, et engagera des monoplaces en IndyCar ou ChampCar, disciplines où s'illustreront ses pilotes Mario Andretti ou le français Sébastien Bourdais. 100% acteur… et 100% pilote !

C'est sur le tournage de *Virages* que Paul Newlan contracta le virus du sport auto. À l'époque, les monoplaces étaient aussi des merveilles de design, taillées pour le cinéma.

Le français Sébastien Bourdais s'illustrera avec quatre titres en Champ Car (monoplaces américaines) au volant de voitures du team codirigé par Paul Newman et Carl Haas.

Paul Newman, Steve McQueen, James Dean…: grands acteurs, vrais pilotes.

N comme…

NÜRBURGRING

LE CÉLÈBRE CIRCUIT ALLEMAND, ET PLUS PRÉCISÉMENT SA BOUCLE NORD (NORDSCHLEIFE), ÉGALEMENT APPELÉE « L'ENFER VERT » EN RAISON DE SON ENVIRONNEMENT BOISÉ, REPRÉSENTE UNE SORTE DE TERRE PROMISE POUR TOUS LES AMATEURS DE CONDUITE SPORTIVE, **DONT CERTAINS TRAVERSENT L'EUROPE (VOIRE LA PLANÈTE) POUR L'EMPRUNTER.**

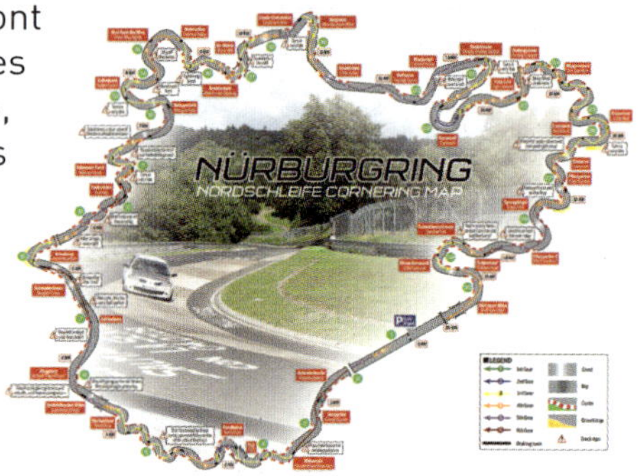

Au menu des 20,8 kilomètres du tracé, 73 virages (dont une grande partie en aveugle), un relief marqué avec des montées à 16% alternant avec des descentes à 11%, et un point culminant à 620 m d'altitude, soit 300 mètres de plus que le point le plus bas, une adhérence parfois précaire, des compressions, des dévers, des vibreurs assassins et des dégagements à peu près inexistants. « *Separates men from boys* », comme disent les Britanniques. Ce charmant endroit est accessible plusieurs fois dans l'année au grand public lors des *Touristenfahrten*, qui rassemblent des passionnés venus de l'Europe entière. Précisons que de nombreux hôtels à tous les prix dans un périmètre de 15 km autour du circuit permettent d'accueillir tout ce petit monde. Pour y rouler, vous avez la possibilité de louer des sportives plus ou moins puissantes mais spécialement préparées, ce qui vous permettra de préserver les pneus, les freins (et éventuellement la carrosserie…) de votre propre bolide.

Jusqu'en 1976, année de l'accident de Niki Lauda, ce circuit (sous une forme légèrement différente et plus difficile encore) accueillait le Grand Prix d'Allemagne de Formule 1, alors même qu'il ne répondait plus depuis longtemps aux exigences de sécurité minimales. Sir Jackie Stewart, triple champion du monde de F1, s'y imposa à trois reprises. Il résume plutôt bien l'ambiance : « *Si un pilote vous dit qu'il n'a pas peur sur le Ring, il existe deux possibilités : soit il ment, soit il ne va pas assez vite pour comprendre ce qu'est le Ring. Il n'y avait aucune barrière ou aucun rail de sécurité, malgré le fait que nous roulions à plus de 320 km/h dans la forêt. Je me rappelle avoir couru dans des conditions où je ne voyais à pas à 50 mètres devant moi. Avec une météo favorable, la voiture pouvait décoller 13 fois. Les voitures de course décollent facilement, mais atterrissent rarement bien. Au Nürburgring, on ne peut pas se permettre de sortir de la piste à cause des arbres qui la bordent. Ce circuit représentait le plus grand défi, mais il était aussi terriblement dangereux. J'ai des photos de moi en tête de la course, avec en arrière-plan une berline à l'envers dans un ravin, qui était là depuis la course précédente.* » Précisons qu'à l'époque, l'une des premières questions que posaient les pilotes à la fin des courses était « *Avons-nous perdu quelqu'un ?* » Autres temps, heureusement…

PAPAMOBILE

MERCEDES, PEUT-ÊTRE LASSÉ DE SON STATUT DE FOURNISSEUR OFFICIEUX D'AUTOCRATES, AIME À RAPPELER QU'IL A FABRIQUÉ LA PLUPART DES « PAPAMOBILES » DEPUIS LA NÜRBURG 460 DANS LES ANNÉES 30 UTILISÉE PAR PIE XI.

Dernier modèle en date, une Classe M dont Dieter Zetsche, patron de la marque, avait remis les clés au pape François en personne en juillet 2013. Avant lui, Jean XXIII avait roulé en 300d Landaulet, Paul VI en 600 Pullman et 300 SEL, Jean Paul II en Classe G et Classe M, lequel sera aussi utilisé par Benoît XVI.

Toutefois, François ne goûte guère certains attributs du pouvoir, et préfère aux engins aux vitrages blindés de banales berlines, ainsi qu'il l'avait expliqué dans une interview publiée dans un quotidien espagnol.

Il y comparait la papamobile à une boîte à sardines qui érige un mur de verre entre lui et ses fidèles et, s'il admettait que le pire pouvait arriver (en référence à la tentative d'assassinat de Jean Paul II en 1981), il ajoutait qu'il n'avait plus grand-chose à perdre à son âge : « *Si quelque chose doit arriver, je m'en remets à Dieu.* » De fait, c'est essentiellement à bord d'une banale Ford Focus qu'il se déplace – avec chauffeur et garde du corps, tout de même – au Vatican. Et quand il voyage à l'étranger, comme par exemple aux Philippines en janvier 2015, c'est depuis des papamobiles débarrassées de blindage qu'il salue les foules en liesse.

On relève que lors des visites papales, les constructeurs locaux (quand il y en a) se font un devoir de fabriquer pour lui une papamobile, laquelle est généralement immatriculée SCV 1 (pour Stato della Città del Vaticano, tandis que le numéro 1 désigne la voiture du Saint Père). On a notamment vu des papamobiles signées Range Rover, Kia, Mitsubishi, Fiat, Seat, Leyland, Ford, GMC ou Peugeot, avec une 504 qui est exposée au Musée de la marque à Sochaux. Celle-ci avait inspiré au mensuel *Auto Retro*, qui lui avait consacré un article, ce titre divinement inspiré : « *Au nom du Père, du Fils et du Saint-cent-quatre* ». ●

Les papamobiles? Des boîtes à sardines, selon le pape François.

MORS
AUTOMOBILES
DIETRICH

P comme…

PARIS-VERSAILLES

POUR AVOIR LE DROIT D'ÊTRE EXPOSÉES À LA PREMIÈRE EXPOSITION INTERNATIONALE DE L'AUTOMOBILE, DU CYCLE ET DES SPORTS, ORGANISÉE PAR AUTOMOBILE CLUB DE FRANCE DANS LES JARDINS DES TUILERIES ENTRE LE 15 JUIN ET LE 3 JUILLET 1898, LES VOITURES DEVAIENT AVOIR EFFECTUÉ AU PRÉALABLE UN ALLER-RETOUR ENTRE PARIS ET VERSAILLES, EN PRÉSENCE D'UN COMMISSAIRE QUI S'ASSURAIT AINSI DU SÉRIEUX DE LEUR CONCEPTION.

L'exposition sera inaugurée par le Président Félix Faure qui, quelques années plus tôt, alors qu'il était député, avait lancé au Comte Albert de Dion « *Vos voitures sont bien laides et sentent bien mauvais.* »

Une femme, des voitures… L'imagerie n'a finalement guère évolué depuis le XIXe siècle.

PATRONYMES

POUR LES CONSTRUCTEURS QUI MULTIPLIENT LES GAMMES (BERLINES, BREAKS, SUV, MONOSPACES, ETC.), TROUVER DES NOMS DE VOITURES À LA FOIS ÉVOCATEURS ET FACILES À RETENIR EST UNE TÂCHE DE PLUS EN PLUS DÉLICATE.

Et dans un marché mondialisé, certaines trouvailles patronymiques ont parfois du mal à franchir les frontières.

Il y eut notamment le cas de la Mazda Laputa, impossible à vendre en l'état en Espagne, Portugal, France ou Italie. On se souvient aussi que le Mitsubishi Pajero s'appela finalement Montero dans les pays hispanophones, l'appellation d'origine y désignant un adepte de l'onanisme. En France, où Toyota avait dû rebaptiser MR sa petite sportive MR-2, on n'aurait pas misé cher sur le succès de la citadine chinoise Cherry QQ. Mais ces considérations n'ont pas empêché Lexus de lancer l'IS-F (aux ventes confidentielles, certes), ni Audi sa gamme e-tron... ●

Sur le marché français, Toyota amputera le coupé de son « 2 » bien fâcheux.

Tu roules en quoi ? En Laputa... Le clin d'œil aux *Voyages de Gulliver* tombera à plat.

La Lexus IS-F sera tout de même vendue telle quelle en France.

PAULERSPURY

PAULERSPURY, PAISIBLE BOURG DU NORTHAMPTONSHIRE, SE SITUE À UNE CENTAINE DE KILOMÈTRES AU NORD-OUEST DE LONDRES.

Il compte un millier d'habitants, un pub, des Vauxhall, et le seul monument digne d'intérêt est une église du XIIe siècle. Sans grand intérêt, donc, sauf pour l'amateur de Rolls-Royce qui considère l'endroit comme une véritable Mecque. Au 70 High Street, on y trouve en effet *The Hunt House*, siège du Rolls Royce Enthusiasts' Club, institution fondée le 11 août 1957 et dénombrant plus de 10 000 membres à travers le monde.
La vocation initiale de l'endroit était de célébrer la mémoire de Sir Frederick Henry Royce (1863-1933), dont la perpétuelle quête d'excellence s'accompagnait d'une grande modestie – l'homme se qualifiait lui-même de « mécanicien » –, et que l'on considère comme le principal pilier de la mythique compagnie. En effet, l'association avec Charles Rolls s'achèvera en 1910 après seulement six années de travail en commun, quand celui-ci sera le premier sujet britannique à périr dans un accident d'avion.
En visitant l'endroit, on découvre un petit musée où sont exposés toutes sortes d'objets liés à Sir Henry, puis un hall consacré aux activités aéronautiques de la marque, et l'on pousse une porte ouvrant sur un atelier permettant d'améliorer son savoir-faire technique. Des stages de perfectionnement sont en effet régulièrement organisés à la *Hunt House*, et les restaurateurs peuvent même louer des outils spécifiques quand ils en ont besoin. Toutefois, c'est en grimpant les escaliers que l'on accède au saint des saints. Y sont en effet regroupées, dans des dizaines et des dizaines de mètres de rayonnages, l'intégralité des archives depuis 1904, année de création de la marque, à 1998, qui vit la prise de contrôle de Rolls par BMW et de Bentley par VW. Les caractéristiques de la quasi-totalité des plus de 100 000 exemplaires de Rolls et Bentley produits en quatre-vingt quatorze ans sont ici consultables, regroupés dans des chemises-dossiers classés avec minutie. Dans un silence quasi-monacal, des *Enthusiasts* venus de toute l'Europe, voire de plus loin, fouinent, compulsent, notent, ou photocopient. Ils sont plus d'un millier à venir à Paulerspury dans ce but chaque année, certains étant même quasiment installés à demeure comme Bernard King, qui a signé de nombreux ouvrages sur la marque.
À partir du nom, de l'année, du numéro de série, de l'immatriculation ou du nom de son propriétaire, il est possible de retrouver le dossier et de retracer l'historique du modèle que vous possédez ou convoitez. Rapport d'inspection de fabrication, bon de commande, facture éditée lors de la livraison, voire duplicatas d'entretien, ces petits dossiers gris fourmillent de données passionnantes... Vous y découvrirez peut-être que votre Silver Wraith 1952 a appartenu à la Princesse Grace de Monaco, y aurez confirmation que votre Phantom V 1963 était bien celle d'Elvis Presley, ou que votre Silver Cloud 1956 avait bien été livrée neuve à Fred Astaire.
Certes, toutes ces données sont également disponibles par correspondance. Le Rolls Royce Enthusiasts' club est parfaitement organisé pour cela et saura répondre à toutes vos demandes d'identification. Mais vous vous priveriez d'un pèlerinage que tout amateur de la *Flying Lady* se doit d'avoir accompli. ●

P comme…

PÉAGES

LES AUTOROUTES ? UNE AFFAIRE QUI ROULE ! LES TARIFS DES PÉAGES ONT EN EFFET AUGMENTÉ DE 21,7% ENTRE 2004 ET 2014, ALORS QUE L'INFLATION SUR CETTE MÊME PÉRIODE S'EST ÉLEVÉE À 17,5 %.

Bien que le trafic global sur le grand ruban ait plutôt tendance à baisser, les 7 sociétés historiques concessionnaires d'autoroutes (92 % du chiffre d'affaires du secteur) auront versé près de 15 milliards d'euros à leurs actionnaires entre 2006, année de la privatisation, et 2013.

Ceci grâce à la hausse mécanique des tarifs (+1,9% chaque année en moyenne depuis 2003), au sujet desquels une confusion est savamment entretenue : pour un trajet donné, mieux vaut emprunter les sorties intermédiaires entre les points de départ et d'arrivée si l'on veut faire baisser la note (le magazine *Question Auto* soulignait que l'on peut gagner 11,1% sur un Paris-Lyon en empruntant les sorties n°14, 23 et 30, par exemple). Bref, des pratiques abusives alors même que l'autoroute est le type de voie de loin la plus sûre : un quart du trafic routier global, mais seulement 8% des accidents mortels. La sécurité deviendrait-elle un luxe ? ●

Les autoroutes constituent une véritable manne pour les sociétés concessionnaires. Les 4386 km d'autoroutes concédées à Vinci en 2014 ont généré un chiffre d'affaires de 4,755 milliards d'euros en 2014.

Malgré les déclarations des uns ou des autres, impossible pour les pouvoirs publics d'empêcher les hausses annuelles des tarifs de péage.

PERVENCHE

AAAAAH, LA PERVENCHE ET SA DÉLICIEUSE MANIE DE NOUS LAISSER UN MOT DOUX SUR LE PARE-BRISE (OU PAS, D'AILLEURS, DU FAIT DE LA GÉNÉRALISATION DU PV ÉLECTRONIQUE).

Mais il faut croire que les automobilistes sont demandeurs ce ces délicates attentions, dans la mesure où les contraventions aux règles de stationnement sont d'une remarquable stabilité (7,5 millions en 2010, 7,9 millions en 2013), et représentent la part la plus importante des infractions relevées par les forces de l'ordre (33,3%).

Et encore ces chiffres n'incluent-ils pas les « scores » des polices municipales, souvent réputées pour leur célérité. Bien sûr, le fait que le montant du PV de stationnement soit passé de 11 à 17 € ne va pas dans le sens d'une « réconciliation » avec ces agents qui, dans les grandes villes, aggravent leur cas en travaillant souvent de concert avec les véhicules des fourrières, qui eux sont payés au rendement.

Dans les années 60, le métier de pervenche était exclusivement féminin.

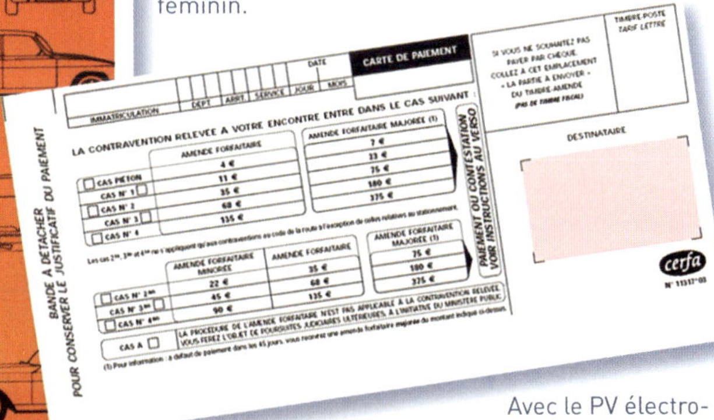

Avec le PV électronique, on trouve de moins en moins de papillons «à l'ancienne» derrière les essuie-glaces.

10 francs (soit 1,5 €) le timbre amende! À ce prix là, vous nous en mettrez deux...

PIEDS (NUS)

DE NOMBREUX ÉCRIVAINS ONT AIMÉ ET AIMENT ENCORE L'AUTOMOBILE, LUI CONSACRANT PARFOIS DE TRÈS BELLES PAGES.

Parmi ces amateurs de mécaniques raffinées, vient immédiatement à l'esprit le nom de Françoise Sagan, dont Robert Puyal avait dressé un beau portrait « automobile » dans *Car Life* (n°5, automne 2014), entre Jaguar, Aston Martin, et autres bolides au volant desquels elle laissait libre cours à une délicieuse inconscience du danger qui l'aidait peut-être à se sentir plus vivante que les vivants. Dans son œuvre, les voitures apparaissent parfois comme de véritables personnages : « *Il y a dehors cet animal de fer, apparemment assoupi, tranquille, que l'on réveille d'un tour de clé enchanteur. C'est un animal qui tousse, à qui on laisse reprendre, comme à un ami réveillé trop vite, son souffle, sa voix, sa conscience d'un nouveau jour (...) Frôlement de voitures, à gauche, à droite, ou piétinement derrière l'infirme autoritaire, juste devant. Et le même reflexe : pied gauche enfoncé, poignet qui remonte, grâce à un léger sursaut, la voiture qui jaillit et double. Puis, revenue à son allure, ronronne, paisible. Tout orchestrer soi-même. Ces bruits, subtilement harmonieux à l'oreille et au corps, cette absence de secousse, ce dédain permanent des freins. Être un œil d'abord. L'œil. L'œil du conducteur de la bête de fer, exquise, énervée, commode, mortelle, qu'importe. Être l'œil attentif confiant, méfiant, appliqué, désinvolte. L'œil immobile et rapide (...)* » *Avec mon meilleur souvenir*, Gallimard, 1984.

Pour autant, la dame ne poussait pas l'originalité jusqu'à conduire ses bolides pieds nus, ainsi que l'a précisé son fils Denis Westhoff dans une interview à *Paris Match* (septembre 2014) :

« *C'était à Saint-Tropez, au début des années 1960. Un jour que ma mère revenait de la plage, elle a ôté ses chaussures pour enlever le sable entre ses doigts de pied, assise dans sa voiture. Elle était loin d'imaginer que le journaliste Paul Giannoli l'observait de loin et allait raconter qu'elle conduisait pieds nus. Une légende dont elle connut le fin mot des années plus tard, lorsque Giannoli passa aux aveux et qu'elle lui répondit : "Bravo ! Des années d'immortalité pour cette trouvaille qui me poursuit...* » Et l'on pense alors à cette citation extraite du film de John Ford, *L'homme qui tua Liberty Valance* (1962) : « *Quand la légende dépasse la réalité, alors on publie la légende.* »

Françoise Sagan aimait les bolides et la vitesse, et faillit y laisser la vie.

PLATANES

LES INSTANCES DE LA SÉCURITÉ ROUTIÈRE ESTIMENT QUE LES OBSTACLES EN BORD DE ROUTE SONT RESPONSABLES DE 150 MORTS CHAQUE ANNÉE SUR LES ROUTES DE FRANCE. ET PAR OBSTACLES, IL FAUT SURTOUT COMPRENDRE LES ARBRES.

Soutenues par différentes associations, les autorités envisagent ainsi l'abattage de milliers de platanes, ormes, frênes, hêtres et autres marronniers placés à des endroits dangereux et dans lesquels des usagers de la route imprudents et/ou malchanceux risquent de s'encastrer. Le tout-radar semble en effet atteindre ses limites, et il faut maintenant trouver d'autres leviers pour améliorer des statistiques qui ont régressé en 2014, après plusieurs années d'embellie.
Toutefois, plusieurs associations écologistes montent au créneau via des pétitions sur Internet, mettant en avant le fait qu'en captant le CO2 et en retenant certains polluants, les arbres jouent un rôle de santé publique. Ce qu'appuie Chantal Pradines, ingénieur, dans un rapport remis au Conseil de l'Europe en 2009 : «*Ces arbres atteignent des âges qui les rendent irremplaçables. Ils abritent ainsi de nombreux insectes et constituent des terrains de chasse privilégiés pour les chauves-souris et les oiseaux et des corridors écologiques indispensables dans les paysages ouverts.* [...] *Il est vrai qu'il est toujours difficile de chiffrer un nombre d'accidents évités. Les alignements d'arbres contribuent à la sécurité en signalant les virages, les carrefours, les entrées d'agglomérations, plus efficacement que ne le font les panneaux. Ils améliorent la lisibilité de la route, indispensable pour anticiper et adapter sa conduite à l'environnement, par temps normal et plus encore par temps de neige ou de brouillard ainsi que la nuit. Le défilement des arbres permet de prendre conscience de la vitesse sans regarder le compteur. En canalisant les visions latérales, ils incitent aussi à la prudence, alors qu'une route trop dégagée fait baisser la vigilance et incite à la vitesse.*»
Loin de l'image de bétonneur qui lui a souvent été accolée, Georges Pompidou était aussi un défenseur des arbres au bord des routes. En témoigne la lettre, écolo avant l'heure, qu'il adressa à son premier ministre Jacques Chaban-Delmas le 17 juillet 1970, et dont l'actualité du propos mérite que nous en reproduisions les meilleurs passages.

Mon cher Premier Ministre,
J'ai eu, par le plus grand des hasards, communication d'une circulaire du Ministre de l'Équipement – Direction des routes et de la circulation routière – dont je vous fais parvenir photocopie. Cette circulaire, présentée comme un projet, a en fait déjà été communiquée à de nombreux fonctionnaires chargés de son application, puisque c'est par l'un d'eux que j'en ai appris l'existence.

Elle appelle de ma part deux réflexions : la première, c'est qu'alors que le Conseil des Ministres est parfois saisi de questions mineures telles que l'augmentation d'une indemnité versée à quelques fonctionnaires, des décisions importantes sont prises par les services centraux d'un ministère en dehors de tout contrôle gouvernemental ; la seconde, c'est que, bien que j'ai plusieurs fois exprimé en Conseil des Ministres ma volonté de sauvegarder "partout" les arbres, cette circulaire témoigne de la plus profonde indifférence à l'égard des souhaits du Président de la République. [...]
C'est que là, il y a des administrations pour se défendre. Les arbres, eux, n'ont, semble-t-il, d'autres défenseurs que moi-même et il apparaît que cela ne compte pas. La France n'est pas faite uniquement pour permettre aux Français de circuler en voiture, et, quelle que soit l'importance des problèmes de sécurité routière, cela ne doit pas aboutir à défigurer son paysage.
D'ailleurs, une diminution durable des accidents de la circulation ne pourra résulter que de l'éducation des conducteurs, de l'instauration des règles simples et adaptées à la configuration de la route, alors que complication est recherchée comme à plaisir dans la signalisation sous toutes ses formes. Elle résultera également des règles moins lâches en matière d'alcoolémie, et je regrette à cet égard que le gouvernement se soit écarté de la position initialement retenue.
La sauvegarde des arbres plantés au bord des routes – et je pense en particulier aux magnifiques routes du Midi bordées de platanes – est essentielle pour la beauté de notre pays, pour la protection de la nature, pour la sauvegarde d'un milieu humain.
Je vous demande donc de faire rapporter la circulaire des Ponts et Chaussées et de donner des instructions précises au Ministre de l'Équipement pour que, sous divers prétextes (vieillissement des arbres, demandes de municipalités circonvenues et fermées à tout souci d'esthétique, problèmes financiers que posent l'entretien des arbres et l'abattage des branches mortes), on ne poursuive pas dans la pratique ce qui n'aurait été abandonné que dans le principe et pour me donner satisfaction d'apparence.
La vie moderne dans son cadre de béton, de bitume et de néon créera de plus en plus chez tous un besoin d'évasion, de nature et de beauté. L'autoroute sera utilisée pour les transports qui n'ont d'autre objet que la rapidité. La route, elle, doit redevenir pour l'automobiliste de la fin du vingtième siècle ce qu'était le chemin pour le piéton ou le cavalier : un itinéraire que l'on emprunte sans se hâter, en en profitant pour voir la France. Que l'on se garde donc de détruire systématiquement ce qui en fait la beauté ! »
Georges Pompidou ●

Route départementale-4CV-platanes: une combinaison typique de la France des années 60.

MICHEL PLATINI

BIEN QU'IL AIT REÇU UNE FERRARI TESTAROSSA EN CADEAU QUAND IL JOUAIT À TURIN À LA FIN DE SA CARRIÈRE, MICHEL PLATINI N'EST PAS CONNU POUR SON GOÛT DES VOITURES.

À ce titre, il est un footballeur véritablement hors-normes !

On se souvient qu'en 1978, quelques semaines avant la coupe du monde en Argentine, il prenait la pose – sans sourire – à côté d'une magnifique Renault 12 dont la couleur orange formait une superbe harmonie avec son maillot jaune. Une photo dédicacée par le champion avec le message suivant « *Viva la 12* », pour un résultat qui constitue un sommet de non-créativité.

Au terme de sa carrière, Michel Platini reliera Turin à Nancy au volant de sa Testarossa. Un trajet durant lequel beaucoup de larmes (les siennes et celles de sa femme) couleront.

Harmonie jaune-orange, et maillot floqué du numéro 12: toutes les audaces publicitaires sont ici permises ! Pour autant, le joueur n'avait pas l'air de s'amuser beaucoup…

POLITICIENS

TOUS LES HOMMES POLITIQUES NE DÉDAIGNENT PAS L'AUTOMOBILE.

Parmi ceux-ci, on citera Bruno Lemaire, député de l'Eure et espoir de la droite, amateur de conduite rapide sur circuit et de puissantes Audi sur la route.

Christian Estrosi, député-maire de Nice, était quant à lui un pilote moto de classe mondiale dans les années 70 (il est d'ailleurs surnommé le « motodidacte »). Mais il a définitivement raccroché casque et combinaison, et ne semble guère s'intéresser aux voitures.

Côté socialiste, on a moins la fibre. On se souvient néanmoins de Lionel Jospin, qui dans les années 90, s'était offert une superbe Renault 19 cabriolet avec les droits d'un de ses livres, laquelle lui sera hélas dérobée quelques mois plus tard.
Jean-Marc Ayrault la joue plus baba cool au volant de son camping car Volkswagen, qui a remplacé en 1988 le modèle de première génération qu'il possédait jusque-là. Un véhicule qui n'aura pas roulé durant la période où il se trouvait à Matignon : «*Il aurait fallu avoir le garde du corps dans le camping car et puis une voiture devant, une voiture derrière, et les motards. Ce n'est pas sérieux*». Pas avec ça qu'il risque de perdre des points, en tout cas !

Jean-Marc Ayrault au volant de son combi.
Un véritable collector, mais à la conception ancienne, donc très polluant. Pas très Cop 21, tout ça...

Autre ancien Premier ministre, Laurent Fabius qui, s'il se plaisait à parader pour les médias au volant de la 2CV Charleston de sa femme, est aussi répertorié comme ex-propriétaire d'un bolide made in Maranello par l'European Ferrari Club 400 (!). Mais le V12, ça ne fait pas très peuple.

Ségolène Royal, en tant que Présidente de la région Poitou-Charentes, aura déployé de grands efforts pour sauver Mia (ex-Heuliez) de la faillite, mais sans effet. Dommage pour ces voitures électriques « Made in France ». Bernard Cazeneuve confessera pour sa part dans *L'Obs* avoir décidé de vendre sa Citroën DS modèle 1968 quand il est rentré en 2012 au gouvernement comme ministre délégué aux affaires européennes : « *J'avais une DS de collection, modèle 68, mais je l'ai vendue quand je suis entré au gouvernement car je trouvais qu'arriver en DS au Quai d'Orsay n'améliorerait pas mon image de modernité...* »

À gauche, toujours, on décernera le prix du double langage à Noël Mamère. En 2002, l'hebdomadaire *Auto Plus* avait montré, photos à l'appui, que le député-maire de Bègles, farouche opposant à l'automobile et adepte de la bicyclette à Paris, utilisait une Peugeot 406 à glouton moteur V6, conduite par un chauffeur, quand il rentrait en Gironde !

Le sport automobile compte aussi des amateurs au sein du Palais Bourbon, (pas seulement des élus) et une bonne partie d'entre eux sont regroupés au sein de la section sport automobile de l'Ascan (Association sportive et culturelle de l'assemblée nationale) créée en 2003. Présidée par Patrick Grundmann, chargé de mission au groupe UMP, l'entité compte parmi sa cinquantaine de membres des élus, des collaborateurs parlementaires, des fonctionnaires ou des personnalités extérieures parrainées qui acquittent tous une cotisation annuelle de 140 €. Au programme, des stages de pilotage, des courses de karting, des week-ends à la découverte d'une région ou sur des évènements type Le Mans Classic, etc. L'association est bien sûr apolitique, même si dans les faits on y a compté – ou compte encore – plus d'élus de droite que de gauche (Eric Besson en a toutefois fait partie, à l'époque où il était au PS) : parmi les députés, citons par exemple Olivier Dassault (Oise), Philippe Briand (Indre-et-Loire), Lionnel Luca (Alpes-maritimes) ou bien encore Jean-Pierre Door (Loiret). Du côté des pilotes, on retrouve dans l'organigramme des membres d'honneur Jean Alesi, Philippe Alliot, René Arnoux, Bernard Darniche ou Philippe Streiff. Le but de l'association est de démontrer que le sport automobile est un sport à part entière, et ses membres se défendent de toute velléité lobbyiste : « *Il faut faire avancer le sport automobile, ceux qui l'aiment veulent le faire évoluer dans le sens du temps : plus accessible, plus soucieux de l'environnement...* »

P comme…

POLLUTION

LES VOITURES N'ONT PAS TOUJOURS ÉTÉ PERÇUES COMME LES RESPONSABLES DE TOUS LES MAUX ÉCOLOGIQUES, COMME EN TÉMOIGNE CE SAVOUREUX TEXTE PUBLIÉ EN 1910 DANS *LE JOURNAL*:

« Il n'y a pas très longtemps, lorsque votre voiture fumait un peu dans Paris, un agent s'approchait et, l'air sévère, prenait votre nom, et allez donc ! Vous en aviez pour vos deux jours de prison. On vous arrêtait d'ailleurs aussi bien à côté d'un chantier du métro où une locomotive lançait des panaches de fumée graisseuse que sur le pont de l'Europe où les machines de l'Ouest-État lâchent des tourbillons de vapeur noirâtres et gluants. Toutes ces fumées là sont permises, seules celles des automobiles constituaient un délit. Aujourd'hui on ne vous colle plus en prison. On se contente de vous arrêter. Il y a progrès !

Eh bien que M. Lépine, auteur de ces ordonnances, veuille bien lire un des derniers numéros de notre grand confrère anglais le Daily Mirror. *Il y verra qu'à Londres, on considère maintenant la fumée des voitures comme antiseptique, hygiénique et purificatrice de l'air :*

« Les mouches, les insectes et les microbes malfaisants, dit notre confrère, sont détruits par millions grâce à la fumée des autos et à leur nombre toujours croissant. Dans un meeting à la Salmon and Trout Association, *(saumons et truites) où l'on s'occupe des mouches pour la pêche, Lord Desborough a déclaré que dans Parliament Square, la vie des insectes a complètement cessé à cause de l'intensité de la circulation. Un des chimistes les plus connus de Londres a déclaré a notre confrère : "La fumée des autobus et des voitures est à n'en pas douter un puissant insecticide." La vapeur qui sort de l'échappement est non seulement insecticide, mais, comme matière carbonique, elle nettoie l'air de ses germes et autres impuretés. Les Londoniens ont toujours considéré ces vapeurs comme une gêne. En réalité, elles sont excellentes pour leur santé. Un marchand de fruits du Strand a également noté l'absence de mouches à son étalage cette année.*

Vive donc le parfum du pétrole! M. Lépine a tort de proscrire la fumée, hygiéniquement parlant. Que les hygiénistes viennent en aide aux chauffeurs. De ce point de vue, il est même certains autobus parisiens auxquels l'Académie de médecine peut sans crainte accorder sa grande médaille d'or. Et désormais il sera très chic de dire de quelqu'un: "Il tue les mouches à vingt-cinq pas." Cela voudra simplement dire : "Il a une vingt-quatre chevaux à échappement libre." Le tout est de s'entendre. »

La fumée des voitures, puissant insecticide ? Il fallait y penser… Au début de l'automobile, une certaine naïveté régnait encore.

GEORGES POMPIDOU

HOMME DE LETTRES ET DE GOÛT, L'ANCIEN PRÉSIDENT DE LA RÉPUBLIQUE (1969-1974) POSSÉDAIT UNE PORSCHE 356 (EN PLUS D'UN COUPÉ PEUGEOT 204) AVEC LAQUELLE IL ROULAIT VITE ET BIEN, CLOPE AU BEC, SUR LES ROUTES D'UNE FRANCE DES SIXTIES OPTIMISTE ET SÛRE D'ELLE.

De tous les présidents de la Ve République, Pompidou était sans conteste le plus amateur d'automobile. *« Les français aiment la bagnole »*, disait-il.

Et lui le premier. Lors des traditionnelles inaugurations présidentielles du salon de l'auto, il se sera tour à tour inquiété de la pollution causée par les moteurs diesel, des prix trop élevés des voitures neuves, de la responsabilité des conducteurs dans les accidents de la route (8 cas sur 10, selon lui), de la fabrication en France des voitures françaises ou du prix des carburants. Visionnaire, donc.

Georges Pompidou sortant de sa Peugeot 304 coupé. Il est aussi le seul président porschiste...

PORSCHE 911

SPORTIVE DONT L'AURA DÉPASSE LE MONDE AUTOMOBILE, **LA PORSCHE 911 EN EST À SA SEPTIÈME GÉNÉRATION** DEPUIS LA PREMIÈRE APPARITION DU MODÈLE EN 1963.

Parmi ses surnoms, avouons un faible pour celui de « grenouille », en référence aux phares ronds encadrant son capot plat.

Mais que l'on ne s'y trompe pas : malgré une ligne intemporelle et reconnaissable entre mille depuis bientôt un demi-siècle, 90% des pièces qui composent le modèle de dernière génération, qui répond au doux nom de code de Type 991, sont nouvelles. Même s'il ne s'agit pas du modèle plus vendu de la marque, le 4x4 Cayenne et la grande berline Panamera la distançant largement, c'est bien sur la 911 que repose le mythe Porsche. Ces dernières années, elle a d'ailleurs fait des apparitions furtives dans des vidéos internet promotionnelles pour les Jaguar F-Type et Mercedes AMG GT. En faisant de la Porsche leur cible prioritaire, elles lui rendaient le plus appuyé des hommages.

Porsche a toujours vanté le caractère bivalent de la 911, à la fois redoutable sportive et voiture facile à vivre au quotidien.

La légende repose à la fois sur les succès en compétition – plus de 20 000 à ce jour toutes disciplines confondues, dont le Rallye Monte Carlo, les 24 Heures du Mans ou le Paris-Dakar –, sa fiabilité et son incomparable polyvalence d'usage. « *La 911, c'est une combinaison unique entre haute technologie et rusticité. Surtout sur les modèles à refroidissement par air, avant 1998* », résume un amateur. On a donc un moteur d'enfer, des performances extrêmes, et la certitude d'avoir une auto qui démarre du premier coup sous 15 cm de neige. Porsche estime d'ailleurs que sur les plus de 700 000 exemplaires vendus depuis ses débuts (dont plus de 30 000 en France), environ 65% roulent encore, soigneusement entretenus par des passionnés de tous âges et de conditions sociales variées. Le même spécialiste ajoute : « *On croise tous les profils chez les amateurs de 911. C'est vrai qu'il y a pas mal de beaufs, mais ça ne se résume pas à ça. On trouve aussi des anciens GTistes, des bobos parisiens, qui ont un faible pour les modèles anciens dont les cotes s'envolent, ou bien encore les sportifs, qui roulent sur circuit. Mais quel que soit votre profil ou votre niveau de conduite, c'est une voiture qui donne du plaisir dès 0 km/h.* » Ce que confirme un essai du dernier modèle, version Carrera S de 420 ch : soit un engin entièrement dédié à l'efficacité et au plaisir de conduite, capable d'atteindre les 200 km/h en à peine plus de temps qu'il n'en faut pour l'écrire (et la vitesse maxi est atteinte 108 km/h plus haut…), mais qui sait faire preuve d'une réelle douceur de fonctionnement dans la circulation de tous les jours.

On a donc des performances de voitures de course et les bonnes manières du Twingo, malgré le particularisme que représente l'implantation son moteur en porte-à-faux arrière : un parti-pris technique hérité de la VW Coccinelle, à laquelle les premières Porsche devaient beaucoup, et qui constitue la définition-même de l'auto.

Et tant pis pour les pisse-froids qui critiquent l'équilibre parfois précaire que ce choix confère, et qui a contribué à l'image de « voiture pour pilotes », seuls capables de maîtriser d'imprévisibles ruades. Une batterie d'aides électroniques veille désormais au grain, rendant la 911 particulièrement docile. Dans la liste des options, outre le régulateur de vitesse (Porsche est un peu radin avec ses clients, ce qui explique aussi ses faramineux bénéfices, lesquels ont eu pour corollaire le versement de 8 911 € de bonus à 15 600 employés de la maison mère au titre de l'exercice 2015....), on prendra le soin de cocher l'option « échappement sport », que le constructeur aurait pu baptiser « *ultima récital* » tant il flatte les oreilles à mesure que le pied droit s'alourdit et que les omoplates s'enfoncent dans les dossiers de sièges. Le seul problème, à ce moment précis, est que vous ne possédez – virtuellement – plus de permis de conduire.

Ni tout à fait la même, ni tout à fait une autre : ainsi évolue la Porsche 911 depuis sa première apparition en 1963.

POT DE COLLE

D'APRÈS LA SÉCURITÉ ROUTIÈRE, LE TAUX D'INFRACTION EN MATIÈRE DE NON-RESPECT DES DISTANCES DE SÉCURITÉ EST SUPÉRIEUR À 50%.

Or, les pouvoirs publics rappellent que *« les collisions par l'arrière et collisions en chaîne totalisent respectivement 5,2% et 1,4% de la mortalité routière, et respectivement : 12,1% et 4,1% des blessés. »*

En plus d'être pénibles, les pots de colle sont donc de véritables dangers publics. Allez, de l'air !

À 130 km/h, on parcourt 3,6 mètres par seconde.

Le non-respect des interdistances se montre plus dangereux que la vitesse en tant que telle (vitesse raisonnable, s'entend).

ELVIS PRESLEY

SI LE KING AVAIT UN FAIBLE POUR LES AMÉRICAINES – SA PREMIÈRE CADILLAC, UNE FLEETWOOD SERIES 60 DE COULEUR ROSE, TERMINA EN FLAMMES SUR UNE PETITE ROUTE D'ARKANSAS EN JUIN 1955, APRÈS TROIS MOIS DE TOURNÉE AVEC LES BLUE MOON BOYS –, **IL SE LAISSA PARFOIS TENTER PAR DES PRODUCTIONS PLUS EXOTIQUES,** C'EST-À-DIRE EUROPÉENNES.

Parmi celles-ci, une DeTomaso Pantera, sorte de rivale aux Ferrari mais motorisée par un V8 Ford. Une voiture qui avait de l'allure, mais n'était pas vraiment réputée pour sa fiabilité. Celle d'Elvis était jaune, et il l'avait achetée d'occasion en 1974 pour l'offrir à sa compagne Linda Thompson. Un jour où l'auto refusait obstinément de démarrer, le rockeur s'en approcha et... tira à plusieurs reprises en direction de la portière avec son pistolet ! Après quoi, selon la légende, la mécanique accepta de se réveiller... L'auto (avec ses trous, sur la jante du volant et au plancher) appartient au Petersen Automotive Museum de Los Angeles.

La Pantera du King est exposée au Petersen Automotive Museum de Los Angeles. Elle a conservé les trous causés par les plombs, sur la jante de volant et au plancher.

P comme…

PROST-SENNA

ON NE REVIENDRA PAS ICI SUR LES MULTIPLES ÉPISODES DE LA RIVALITÉ PROST-SENNA DONT LA PRESSE S'EST RÉGALÉE DURANT DES ANNÉES. CONTENTONS-NOUS DE DEUX ÉPISODES MARQUANTS, QUI SONT LEUR PREMIÈRE ET LEUR DERNIÈRE RENCONTRE.

C'est en mai 1984 que les deux pilotes se parlent vraiment pour la première fois.

Mercedes avait organisé une course sur le nouveau circuit du Nürburgring, où serait disputé le Grand prix d'Europe quelques mois plus tard, qui mettait aux prises de nombreux pilotes réputés (champions du monde titrés ou en devenir).

La particularité de l'évènement est que tout le monde disposait de la même voiture, à savoir une 190 E 2.3-16, ce qui permettait d'établir une très intéressante hiérarchie. Le seul inconnu du plateau était un certain Ayrton Senna da Silva, 24 ans, débutant en F1 chez Toleman, appelé en dernière minute pour remplacer son compatriote Emerson Fittipaldi qui courait les 500 miles d'Indianapolis. L'organisateur de la course demanda à Alain Prost s'il pouvait attendre à l'aéroport Senna, dont l'avion atterrissait juste après le sien. Les deux hommes firent donc le trajet ensemble, ce qui leur donna deux heures pour faire plus ample connaissance, et permit au Brésilien inconnu de révéler au Français qu'il était son idole.

Pour autant, Senna n'allait pas se laisser intimider par le prestigieux plateau réuni pour la course du lendemain. Il poussera ainsi Prost à la faute dès le début de la course, ce qui se traduira par une excursion hors-piste (la première de la série…) pour le Français, et s'installera rapidement en tête de la meute, sur une piste humide. La course offrira ainsi quelques séquences quasi-surnaturelles, et notamment ces passages en glisse intégrale de Senna dans la chicane rapide, dominant assez largement tous les pilotes lancés à ses trousses (on trouve facilement des images de la course sur Internet). Niki Lauda, qui remporterait son troisième titre de champion du monde de F1 quelques mois plus tard, réduira l'écart à mesure que la piste séchait, mais devra s'incliner devant le phénomène Senna, dont toutes les personnes présentes mesurèrent ce jour-là l'étendue du talent.

Sur le podium, les images montrent un Senna radieux pointer rapidement l'index vers Niki Lauda, deuxième de la course, geste qui semble signifier « *tu vas voir ce que tu vas voir en F1* ». Quelques jours plus tard, un Grand Prix de Monaco couru sous le déluge permettra au public du monde entier de découvrir les extraordinaires qualités du pilote brésilien.

Le journaliste Jean-Louis Moncet, « pape » de la F1, aura assisté à la dernière rencontre des deux hommes à Imola, ainsi qu'il l'avait raconté dans une interview accordée à l'auteur pour *Question Auto* :

« Le motor-home et l'auvent Williams étaient voisins de celui de Renault. Alain Prost arrive avec Louis Schweitzer, tandis que Senna discute avec Patrick Head. J'ouvre une parenthèse, mais le jour où Alain a arrêté de courir, lui et Senna passaient leur temps à se parler au téléphone. La hache de guerre était bien enterrée, et il n'y a d'ailleurs jamais eu de haine entre eux. Prost et Schweitzer laissent Senna travailler tranquillement, et vont regarder les Williams de plus près. Bien sûr, Senna a vu qu'ils étaient là. Mais il ne leur parle pas, car lui non plus ne veut pas les déranger. Ensuite, ils vont tous déjeuner chacun de leur côté, Senna chez Williams, Prost et Schweitzer chez Renault. L'heure arrive et, assez curieusement, ils sortent exactement au même moment. Prost et Senna se tapent alors dans la main, en se disant qu'il faut qu'ils se parlent après la course. Puis ils se séparent, Alain vers la cabine où nous assurons ensemble les commentaires, Senna vers la piste. Et voilà, c'était fini... » ●

Dès ses débuts à bord de voitures peu performantes, Senna saura démontrer ses immenses qualités. Ici sous le déluge à Monaco en 1984, qu'il terminera en deuxième position après une incroyable remontée.

PROVOCATIONS

LA PREMIÈRE CANNONBALL, TRAVERSÉE DES ÉTATS-UNIS DE NEW YORK À LOS ANGELES SUR ROUTE OUVERTE SANS AUTRE FIN QUE CELLE D'ARRIVER AVANT LES AUTRES CONCURRENTS, **A ÉTÉ ORGANISÉE EN NOVEMBRE 1971 ET REMPORTÉE PAR LE JOURNALISTE BROCK YATES ET LE PILOTE DAN GURNEY** (VICTORIEUX AU MANS EN 1967) AVEC UNE FERRARI DAYTONA.

Leur temps : 35 heures et 54 minutes. Un évènement né d'une idée de Yates et de Steve Smith, éditeur du magazine *Car and Driver*, qui voulaient à la fois rendre hommage à l'*Interstate Highway* et protester contre les sévères limitations de vitesse entrées en vigueur quelques mois plus tôt aux Etats-Unis (89 km/h) pour des raisons d'économies d'énergie. Un évènement qui, contre toute attente, suscitera un vaste mouvement de sympathie aux États-Unis (et ailleurs), et donnera par la suite naissance à une série de comédies, véritables succès populaires.

En France, c'est le magazine *Auto Hebdo* qui créera l'évènement en janvier 1986 avec un sujet retraçant un tour du périphérique à près de 200 km/h de moyenne.

1986 : à l'initiative d'*Auto Hebdo*, une Alpina B7 boucle un tour du périphérique à près de 200 de moyenne.

Au volant d'une Alpina B7 turbo, on trouvait un certain « Larry », pilote américain qui n'était autre que Jean-Pierre Malcher, journaliste de ce magazine et pilote émérite. Trois voitures ouvraient la « piste », reliées par talkie-walkie à la puissante berline qui atteindra les 250 km/h à proximité de la Porte de Versailles. Lors d'une session de reconnaissance quelques jours plus tôt, le pilote et le photographe qui l'accompagnaient se feront même une sacré frayeur en arrivant à 240 km/h sur un embouteillage. Au prix d'un freinage d'anthologie, l'auto parviendra à s'arrêter *in extremis*. Mais on imagine sans peine les sueurs froides des protagonistes...
Quelques années plus tard, en novembre 1999, ce sera au tour du mensuel Sport Auto de faire parler de lui avec un dossier intitulé « Vitesse, mode d'emploi », qui narrait un Paris-Nice en 4h17 au volant d'une Porsche 911 GT3 lancée à 214 km/h de moyenne (avec une pointe à 318 !). L'objet du délit était précédé d'une BMW 740d qui lui ouvrait la route pour lui signaler d'éventuelles « zones de dangers », et qui elle achèvera son périple en 4h36, à 199 km/h de moyenne. Le prétexte – discutable – avancé par le mensuel, était de démontrer qu'il était possible de rouler vite sans prendre de risques inconsidérés pour soi et surtout pour les autres. Pas sûr que l'argument ait véritablement porté, mais cela aura au moins constitué un sacré coup de pub pour le magazine ! ●

QUALIFICATION IN EXTREMIS

EN 2005, SÉBASTIEN LOEB, CHAMPION DU MONDE DES RALLYES, **DÉCIDE DE PARTICIPER AUX 24 HEURES DU MANS** AU SEIN DE L'ÉCURIE DIRIGÉE PAR HENRI PESCAROLO.

Seulement voilà, en tant que « débutant », il doit parcourir au moins dix tours de piste durant la journée de préparation organisée quelques jours avant l'épreuve, et qui s'achève à 19 heures précises.

Le 5 juin 2005, Sebastien Loeb remportera le rallye de Turquie et se qualifiera quelques heures plus tard pour Le Mans.

Or, ce dimanche 5 juin 2005 coïncide avec la fin du rallye de Turquie, qu'il remporte. Il est midi. Sitôt la ligne d'arrivée franchie, Loeb « sèche » la conférence de presse d'après-course (avec une dérogation de la Fédération internationale automobile) et saute à bord d'un hélicoptère qui le dépose à l'aéroport d'Antalya, où l'attend un Falcon 2000 affrété par Playstation, sponsor de l'écurie Pescarolo, qui doit le déposer sur la piste attenante au circuit de la Sarthe. Durant le trajet de près de 3000 km, Loeb a le loisir de s'entraîner avec un simulateur de course spécialement installé à son intention à bord de l'avion, avec un baquet Recaro installé sur un des sièges en cuir ! L'appareil se pose à 18h02. À 18h11, Loeb arrive au stand Pescarolo où l'attend sa C60 LMP1. Il démarre à 18h17, ce qui signifie qu'il lui reste 43 minutes pour couvrir les dix tours, soit une marge tout juste suffisante dans la mesure où il faut un peu moins de 4 minutes pour parcourir le circuit. En d'autres termes, l'auto ne doit connaître aucune défaillance. Or, la piste s'asséchant après un épisode pluvieux, le pilote est contraint de repasser aux stands après deux tours pour passer en pneus secs.

La C60 Pescarolo-Judd repart à 18h25, et termine sa neuvième boucle à… 18h59 ! Pari gagné, le pilote peut terminer son dixième tour sereinement, il est qualifié. Il abandonnera la course cette année-là, mais s'y classera en deuxième position en 2006.

ROME (LA FORMULE 1 EST NÉE À…)

STAR-SYSTEM, CHAMPIONS SURPAYÉS, BUSINESS, COURSE À L'ARMEMENT… : LES COURSES DE CHARS, IL Y A PLUS DE 2000 ANS, **ONT JETÉ LES BASES DE LA FORMULE 1 MODERNE,** AINSI QUE L'ONT NOTAMMENT RAPPELÉ WOLFGANG DECKER ET JEAN-PAUL THUILLIER DANS UN PASSIONNANT OUVRAGE, *LE SPORT DANS L'ANTIQUITÉ* (ÉDITIONS PICARD).

Il est vrai que les analogies sont réellement étonnantes.

DES PILOTES SUPERSTARS.

Les courses de quadrige (4 chevaux) constituent le clou de tout spectacle sportif. Lors des jeux du cirque, qui réunissent jusqu'à 150 000 spectateurs à Rome, ce sont les courses de char qui captivent l'attention. Un aurige (cocher) réputé pèse financièrement autant qu'une star de la Formule 1 aujourd'hui. Une victoire rapporte ainsi de 30 à 60 000 sesterces, alors que pour être considéré comme chevalier, terme qui désigne la frange la plus riche de la population, il faut disposer de 400 000 sesterces. Précisons aussi que l'on se tue beaucoup en piste à l'époque, ce qui contribue à l'aura dont jouissent les auriges : « *L'agitator est la vedette sportive incontestée du monde romain, adulée des foules masculine et féminine, il a ses statues dans certains lieux de la ville* (…), *les millions de sesterces qu'il remporte scandalisent les bonnes âmes et les auteurs satiriques, comme aujourd'hui le salaire mensuel de nos footballeurs* (…) » précisent ainsi Decker et Thuillier. Avant de passer quadrige, discipline n°1, il faut en passer par les courses de biges (deux chevaux) et triges (trois chevaux), tout comme il faut démontrer son talent en karting et en F3 pour accéder à la discipline-reine du sport automobile.

Les auriges (cochers) les plus performants sont considérés comme de véritables stars à Rome.

DES FACTIONS S'APPARENTANT À DE VÉRITABLES ÉCURIES DE COURSE.

On compte quatre factions à Rome, chacune faisant courir plusieurs attelages, ce qui évoque les écuries actuelles alignant deux voitures. Ces factions brassent beaucoup d'argent et fonctionnent comme de véritables entreprises. Outre des entraîneurs, médecins et personnes chargées de soigner les animaux, elles emploient des artisans chargés de l'entretien du matériel et des locaux, des comptables et des secrétaires. Tous sont placés sous l'autorité du *dominus*, l'équivalent du patron d'écurie aujourd'hui.

DE NOMBREUX SUPPORTERS.

Chaque faction compte ses fans, qui l'encouragent lors des épreuves du cirque et suivent sa vie de près. Les chevaux ont aussi leurs thuriféraires, qui connaissent leurs noms et origines complètes.

L'ARGENT AU CŒUR DU SYSTÈME.

Les transferts d'auriges d'une faction à l'autre sont courants, et s'accompagnent de fortes sommes : on parle de 400 000 sesterces pour les plus importants, quand le salaire moyen quotidien s'établit à 5 sesterces par jour. Des produits dérivés existent aussi (bagues, vêtements aux couleurs des factions). Les courses de char contenaient toutes les prémices du sport-business.

UN MATÉRIEL HIGH-TECH.

L'aurige porte un casque généralement en cuir (et parfois métallique) présentant un bourrelet à l'avant et un couvre-nuque très développé et recourbé vers l'extérieur. Un lointain ancêtre du HANS protégeant les cervicales, désormais obligatoire en compétition. Sur le corps, un maillot-tunique moulant et rembourré par endroits, avec des broderies. Comme le casque, il est aux couleurs de l'écurie. Quant au char, il est ultraléger, constitué de cuir et d'osier. Les pilotes de petit gabarit, plus légers, sont bien sûr privilégiés.

PAS D'ARRÊTS AUX STANDS, MAIS...

...un sparsor, employé de la faction dont la mission est de jeter de l'eau à la tête des chevaux pendant la course afin de les rafraîchir et de dégager tant que faire se peut la poussière. Au péril de sa vie, le sparsor doit se faufiler, amphore en main, entre les chars lancés à pleine vitesse, au risque d'être piétiné, ce qui arrive régulièrement. Les mécaniciens travaillant dans les stands sont heureusement mieux traités.

LE SENS DU SPECTACLE.

Pour éviter les faux départs et limiter les risques de carambolage, les chars sortent de stalles dont les portes s'ouvrent en même temps. Il arrive aussi que les auriges courent jusqu'à leur char (*pedibus ad quadrigam*) comme ce fut le cas jusqu'en 1969 aux 24 Heures du Mans ! Par ailleurs, un système de portiques comporte des éléments baissés à chaque tour afin que les spectateurs du Circus Maximus puissent suivre la progression de la course (environ 7 tours, soit 6 km). Il est aussi d'usage que le vainqueur effectue un tour d'honneur en arborant palmes et couronnes. Et après la course sont organisées des orgies, auxquelles participent les auriges encore vaillants (ou tout simplement vivants). Ce qui ne manquera pas de rappeler des souvenirs à quelques retraités de la F1...

R comme...

ROUGE

UNE VIEILLE RUMEUR, QUI RESSORT DE TEMPS À AUTRES DANS LES DISCUSSIONS OU SUR INTERNET, VEUT QUE **LES VOITURES ROUGES COÛTENT PLUS CHER À ASSURER CAR ELLES AURAIENT PLUS D'ACCIDENTS.**

Pourtant, aucun assureur ne confirmera l'assertion.

Seule explication plausible avancée par l'un d'entre eux : « *Statistiquement, il y avait une surreprésentation du rouge chez certaines voitures sportives type Golf GTI, logiquement plus chères à assurer que le reste de la gamme où le gris dominait. Mais c'est tout. D'ailleurs, on pourrait tout aussi bien estimer que les voitures grises anthracite ou noires sont plus dangereuses car elles se fondent avec la couleur de la chaussée et sont donc moins visibles... Quoi qu'il en soit, aucune compagnie ne vous demandera la teinte de votre voiture au moment d'établir votre contrat.* » ●

C'est scientifiquement prouvé: les voitures rouges roulent plus vite que les autres. Par contre, elles n'ont pas plus d'accidents.

R comme...

ROUTES DE RÊVE

SUR UNE ROUTE EN ELLE-MÊME ENNUYEUSE, LA PLUS EXCITANTE DES VOITURES DE SPORT SERA BIEN EN PEINE DE VOUS DÉLIVRER LA MOINDRE ÉMOTION DE CONDUITE. À L'INVERSE, CERTAINES VOIES VOUS PROMETTENT DES SOUVENIRS INOUBLIABLES, MÊME AU VOLANT DE L'AUTOMOBILE LA PLUS MODESTE.

Signalons ainsi le **Col du Stelvio** (2 758 mètres), deuxième plus haut col routier des Alpes après l'Iseran, dont les 60 virages agrémentant le versant nord constituent un mets de choix pour automobilistes et motards qui y affinent leurs trajectoires.

Plus loin, la **Transfagarasan**, en Roumanie, épouse les contours du relief tourmenté des monts Fagaras, dans le sud des Carpates. Après l'avoir empruntée, vous n'aurez qu'une envie : la reprendre dans l'autre sens.

Cap vers la Norvège. Inaugurée en 1989 et longue de 8,3 km, la route de l'Atlantique, ou **Atlanterhavsveien**, relie un chapelet de petites îles à travers 6 ponts. Longeant le littoral, elle se fond dans un environnement à couper le souffle constitué de fjords et de montagnes. Ensuite, gagnez une autre attraction norvégienne, l'étroite **Trollstigen** (Route des Trolls) qui offre un dénivelé de 9% et compte pas moins de 11 virages en épingle à cheveux. Vertigineuse et uniquement protégée par de petits murets, elle promet des sensations fortes aux voyageurs. Un panorama somptueux vous attend au bout, avec notamment une chute d'eau de plus de 300 mètres.

Par ailleurs, comment ne pas évoquer la **Corse**, ses routes étroites à flanc de falaise que bordent parfois d'effrayants précipices et, surtout, ses paysages grandioses surgissant au détour d'un virage ? Avant de partir, assurez-vous toutefois de l'état de forme de vos freins et pneus, qui seront soumis à rude épreuve.

Enfin, inutile de rouler en Aston Martin pour partir à l'assaut du **Col de la Furka**, en Suisse, immortalisé il y un demi-siècle dans *Goldfinger*, premier volet des aventures cinématographiques d'un certain James Bond. Culminant à 2 431 mètres, il relie Andermatt (canton d'Uri) à Gletsch (canton du Valais), mais n'est ouvert que de juin à octobre. Bonne nouvelle, remorques et caravanes y sont interdites !

RUMEURS

SI VOUS PASSEZ DU TEMPS SUR INTERNET, IL Y A DE FORTES CHANCES QUE VOUS AYEZ LU AU MOINS UNE FOIS CHACUNE DES ASSERTIONS DÉLIRANTES QUI SUIVENT, ET QUI RÉAPPARAISSENT RÉGULIÈREMENT AU GRÉ DES FORUMS DE DISCUSSIONS ET AUTRES E-MAILS GROUPÉS D'ORIGINE INCERTAINE.

Si on les met bout à bout, cela donne ça :

Les radars automatiques ont été installés par les amis de Nicolas Sarkozy, lequel percevait de l'argent sur leurs recettes, ce qui a notamment servi à financer sa campagne présidentielle de 2007.
D'ailleurs, on se souvient que la société ATOS, chargée de veiller au fonctionnement des cabines radars à l'époque de leur installation en 2003, était dirigée par le beau-frère de Gilles de Robien, alors ministre des Transports.

Les automobilistes les mieux informés savent aussi que les forces de l'ordre – qui touchent d'énormes primes aux prunes – camouflent désormais des radars dans les têtes de fausses vaches en plastique posées au bord des routes, dans certaines bornes d'appel d'urgence ou dans des panneaux publicitaires.

Les pièges sont partout, mais n'importe qui peut gripper le système de retrait de points en payant ses amendes 1 à 2 € de trop par chèque (91 € au lieu des 90 réclamés, par exemple) !
Ah, on oubliait : le retour de la vignette est programmé pour le 1er janvier prochain.
Et il faut espérer que d'ici là, les constructeurs trouveront une solution pour vider les « cimetières » à ciel ouvert où ils regroupent les dizaines de milliers de voitures neuves qu'ils n'arrivent pas à vendre, et que l'on peut voir par satellite.
Bref, autant de nouvelles qui donnent envie de remiser sa voiture au garage une fois pour toutes, et de ressortir sa bicyclette. Mais attention en ce cas, gardez bien en tête que le fait de commettre des infractions à vélo peut entraîner la perte de points sur le permis de conduire !

SABOTEURS

L'HISTOIRE N'A GUÈRE RETENU LE NOM DU VAINQUEUR DU PREMIER GRAND PRIX DE MONACO, EN 1929. POURTANT, LE BRITANNIQUE WILLIAM GROVER-WILLIAMS MÉRITE SA PLACE AU PANTHÉON DES PILOTES**, ET PEUT-ÊTRE MÊME LA PREMIÈRE D'ENTRE ELLES,** QU'IL PARTAGE AVEC LES FRANÇAIS ROBERT BENOIST ET JEAN-PIERRE WIMILLE.

Et ce moins en raison de leurs exploits sportifs respectifs, finalement, que de leur action pendant la Seconde Guerre Mondiale.

Grover-Williams après sa victoire au GP de Monaco 1929. Au volant de sa frêle Bugatti, il terrassa le terrible Rudy Caracciola et sa surpuissante Mercedes SSK.

Né à Montrouge (92) en 1903 d'une mère française et d'un père britannique, le jeune William Charles Frederick Grover (son surnom de Williams lui sera attribué durant sa carrière de pilote) fait très tôt preuve d'une forte appétence pour les sports mécaniques. Celle-ci s'exprime dès l'adolescence dans la région de Monte-Carlo, où sa famille s'installe quand éclate la Première Guerre Mondiale, et le mène à s'inscrire – en mentant sur son âge – à des compétitions sur deux et quatre roues, où il obtient des résultats encourageants à l'insu de ses parents. En 1919, il rentre à Paris où il se fait embaucher comme chauffeur du peintre irlandais Sir William Orpen, dont il épousera la maîtresse Yvonne Aubicq quelques années plus tard. Sa renommée de pilote croît dans les années 20, et il participe en 1928 au Grand prix de France, qu'il remporte.

Jean-Pierre Wimille survivra à la guerre mais trouvera la mort en course en 1949.

Il s'impose à nouveau l'année suivante, avant de gagner le premier GP de Monaco : au volant d'une Bugatti d'une teinte *British racing green*, il surclasse le grand favori, l'allemand Rudy Caracciola qui pilote une monstrueuse Mercedes SSK de 7,1 l de cylindrée. D'autres victoires suivront dans les années 30, en même temps que lui et sa femme deviendront des figures de la jet-set de l'époque, partageant leur vie entre Paris, La Baule et la Côte d'Azur.

En 1940, Grover-Williams rejoint l'Angleterre. À la fin du mois de mai 1942, c'est en tant que membre du SOE (*Special Operations Executives*), les forces spéciales, qu'il est parachuté en France. Sa mission : infiltré derrière les lignes ennemies, il doit y multiplier les actes de sabotage pour faciliter le travail de la Résistance. À cette fin, il crée et anime le réseau *Chestnut* (châtaigne), avec notamment deux de ses amis pilotes, les français Robert Benoist (qui pilotait des avions pendant la Première Guerre Mondiale, avant d'embrasser une brillante carrière de coureur automobile) et Jean-Pierre Wimille (l'un des plus grands pilotes français ; il avait notamment remporté les 24 Heures du Mans 1937, associé à Robert Benoist). Parmi les faits d'armes de *Chestnut*, un sabotage des usines Citroën à Paris et d'autres actes menés en région parisienne.

Le 2 août 1943, Grover-Williams est arrêté par les Allemands. Deux jours plus tard, interpellé à son tour, Robert Benoist parvient à sauter en marche de la voiture qui l'emmène et s'échappe, avant de gagner l'Angleterre (il reviendra deux fois en France).

Grover-Williams est quant à lui envoyé à Berlin où il subit interrogatoires et torture. Benoist, lui, continue de mener de nombreuses actions clandestines en France – il crée d'abord le réseau *Clergyman* dans la région de Nantes, et plus tard retrouve Jean-Pierre Wimille pour des opérations dans la région de Dourdan – mais est arrêté à Paris le 18 juin 1944. Il est torturé, puis est envoyé à Buchenwald où il sera pendu le 10 septembre. Transféré au camp de Sachsenhausen, Grover-Williams meurt (dans des conditions qui restent obscures) en mars 1945. Seul Wimille survivra au conflit. Il reprendra la compétition automobile, mais trouvera la mort au volant d'une Simca Gordini durant les essais précédant le GP de Buenos Aires 1949.

Robert Benoist, « le plus brave des braves ».

Grover-Williams sera décoré de la Croix de guerre. Son nom et celui de Benoist – qu'un magazine britannique qualifiera de « *bravest of the braves* » – sont cités au mémorial de Brookwood (Surrey), ainsi qu'à celui de Valençay, dans l'Indre, qui honore les 104 agents du SOE morts pour la France. De véritables héros, donc.

**Pour en savoir plus sur l'épopée de ces pilotes-héros de guerre, nous vous renvoyons à la lecture de l'ouvrage (en anglais) de Joe Saward,* The Grand Prix Saboteurs.

NICOLAS SARKOZY

BIEN QUE PEU PORTÉ SUR L'AUTOMOBILE, LE NICOLAS SARKOZY PRÉSIDENT DEVAIT LUI AUSSI SE PLIER AUX INAUGURATIONS DU MONDIAL ENTRE 2007 ET 2012.

Il faisait le tour des stands en professionnel, escorté par une cohorte de militants UMP qui lui assuraient un accueil chaleureux devant les caméras.

Il écoutait poliment les patrons des différentes marques, mais ne posait guère de questions précises sur les produits qui lui étaient présentés. En 2010, il s'était ainsi plus intéressé aux baskets de Laurens Van Den Acker, le nouveau patron du design de Renault (qui ne porte que ça), qu'aux voitures au Losange. À l'issue de ses deux visites au Mondial (2008 et 2010, donc), il prononcera deux discours sur les défis auxquels devait répondre l'industrie automobile, prophétisant «*avec la fin du pétrole, la fin de l'automobile telle que nous la connaissons*» au cours du XXIe siècle, mais rien de bien marquant.

Finalement, on se souvient davantage à son sujet du coup journalistique réalisé par l'hebdomadaire *Auto Plus* dans son numéro du 11 novembre 2003, qui (sur une idée de votre serviteur) l'avait pris en flagrant délit d'excès de vitesse sur la RN20 alors même qu'il se rendait à l'inauguration de la toute première cabine automatique…

Des radars qui ne lui réussiront pas vraiment, d'ailleurs. Sur RTL, le 3 mai 2007, il déclarait ceci: «*Les radars, c'est pas fait, en tout cas dans mon esprit, pour remplir les caisses de l'État, parce que vous avez raison, ce serait scandaleux d'enlever les panneaux qui préviennent.* (…) *Bien sûr que les panneaux seront maintenus.* (…) *Moi, je suis candidat à la Présidence de la République Française, il y a un devoir de sincérité des responsables politiques;* […] *On ne peut pas dire n'importe quoi parce qu'on est en campagne présidentielle. Moi je veux vous dire la vérité.*» Quatre ans plus tard, son ministre de l'Intérieur Claude Guéant provoquera un tollé en annonçant la décision de démonter lesdits panneaux… Passons.

Nicolas Sarkozy n'est guère porté sur l'automobile. À son actif tout de même, une baisse tangible de la mortalité routière.

JACQUES SÉGUÉLA

EN 1981, JACQUES SÉGUÉLA RETROUVE FRANÇOIS MITTERRAND RUE DE BIÈVRES POUR UNE RÉUNION DE PRÉPARATION À L'ÉLECTION PRÉSIDENTIELLE.

À l'époque, le publicitaire roule dans une Rolls-Royce achetée d'occasion, avec au sommet de la calandre un canard vert en plastique qu'il avait trouvé dans le caniveau, parce qu'on lui avait volé à plusieurs reprises la *Flying Lady* et que cela finissait par lui coûter cher.

À la fin de la réunion, Mitterrand doit se rendre chez Lipp pour déjeuner, et Séguéla propose de l'y emmener en voiture.

En arrivant devant la Rolls, le futur Président s'exclame : « *Comment, Séguéla, vous ne cessez de me dire que chaque signe a un sens et vous voudriez me voir arriver chez Lipp dans ce carrosse de droite. Mais vous tenez à me faire crucifier à la une du* Canard enchaîné. *Quant à vous qui vous dites mon communicant, vous devriez avoir honte de rouler dans un symbole aussi dépassé. Venez avec moi, nous allons aller à pied à mon déjeuner, cela vous fera peut-être réfléchir.* ».
De retour à l'agence, le jour même, Séguéla dira à ses collaborateurs : « *Mitterrand vient de me donner une sacrée leçon de politique et de communication* ». Et mettra aussitôt sa Rolls en vente.

C'est à cause de François Mitterrand que Jacques Séguéla vendra sa Rolls, quelques mois avant la présidentielle de 1981.

SENIORS

QUESTION SENSIBLE. À CHAQUE ACCIDENT METTANT EN CAUSE UN SENIOR RESURGIT LE SPECTRE D'UNE VISITE MÉDICALE OBLIGATOIRE À PARTIR D'UN CERTAIN ÂGE.

Une éventualité écartée jusqu'ici par la Sécurité routière : « *Aucun des pays qui ont mis en place ces contrôles n'a apporté la preuve de leur efficacité. Dans les faits, on constate que l'immense majorité des conducteurs âgés adaptent leur conduite et leurs déplacements à l'amoindrissement de leurs capacités, et qu'ils observent les règles de conduite au plus près. Si l'on rapporte leur exposition au risque au kilométrage réellement parcouru, on constate qu'ils n'ont pas plus d'accidents que d'autres catégories de conducteurs. Ils ne sont donc pas plus dangereux que la moyenne.* » Les pouvoirs publics insistent toutefois sur la vulnérabilité des personnes âgées de 65 ans et plus (ils représentent 17% de la population totale, mais 20% des tués dans les accidents), forcément moins résistantes en cas de blessures graves, et les incitent à se replonger régulièrement dans le Code de la route pour prendre connaissance de la signification de tous les nouveaux panneaux.

Une démarche effectivement utile… et que l'on pourrait appliquer à tout conducteur ayant plus de dix ans de permis !

SIMONE (EN VOITURE...)

LA CÉLÈBRE EXPRESSION FAIT RÉFÉRENCE À **SIMONE DES FOREST** (DE SON NOM COMPLET SIMONE LOUISE DE PINET DE BORDE DES FOREST, 1910-2004) **L'UNE DES PREMIÈRES FEMMES PILOTES DE COURSE.**

Elle publiera notamment en 1930 un carnet de voyage intitulé «*3 772 kilomètres par deux jeunes filles*» illustré de ses propres dessins, qui relatait son parcours reliant Bucarest à Monte-Carlo en plein hiver, accompagnée de son amie Fernande Hustinx.

Par la suite, elle prendra part à de nombreuses compétitions automobiles, et notamment le rallye de Monte-Carlo, jusqu'en 1957.

Ce qui nous amène au tandem Guy Lux/Léon Zitrone, qui orchestrait Intervilles à partir de 1962, et dont le cri de guerre était «*En voiture Simone*», en référence à la fois à la pilote et à Simone Garnier, qui co-animait alors l'émission. L'expression complète était d'ailleurs «*En voiture Simone, c'est moi qui conduis, c'est toi qui klaxonnes!*». So chic. ●

À l'aube des années 30, Simone des Forest et Fernande Hustinx relieront Bucarest à Monte-Carlo en voiture.

L'expression «En voiture Simone» ne rend guère hommage à celle qui se présente comme une aventurière et pilote de course. Une femme d'exception, tout simplement.

S comme...

SOS PERMIS

EN MOYENNE, 37 000 POINTS DE PERMIS SAUTENT CHAQUE JOUR SUR LES ROUTES DE FRANCE (CHIFFRES 2013).

Pour préserver leur carton rose, certains irréductibles sont prêts à employer toutes les astuces légales possibles.
Parmi celles-ci, il en est une qui consiste à immatriculer sa voiture à l'étranger pour peu que l'on réside plus de la moitié de l'année dans le pays en question.

L'idéal est que celui-ci soit lointain, car l'Agence nationale de traitement automatisé des infractions, à Rennes, a accès aux fichiers d'immatriculation des autres États membres de l'Union européenne. Même si, dans les faits, ce sont surtout les infractions les plus graves (gros excès de vitesse, feu rouge grillé...) qui peuvent donner lieu à des poursuites transfrontalières...

Autre «truc», le fait d'immatriculer sa voiture au nom d'un enfant mineur (imaginez la petite Sophie, 6 ans et demi, titulaire de la carte grise d'une Porsche 911...).

La carte grise n'est en effet pas un titre de propriété au sens strict, et la délation d'un conducteur fautif n'est pas obligatoire... Dans son ouvrage *65 astuces légales pour garder ou récupérer son permis de conduire*, l'avocat Jean-Baptiste Iosca précise ainsi que «*le mieux est de choisir une personne qui n'est visiblement pas en âge de conduire ni de la taille d'un adulte, si possible d'un sexe différent du vôtre, et qui ne possède pas le même patronyme que vous* [...]». Légal ? Oui. Moral ? Hum...

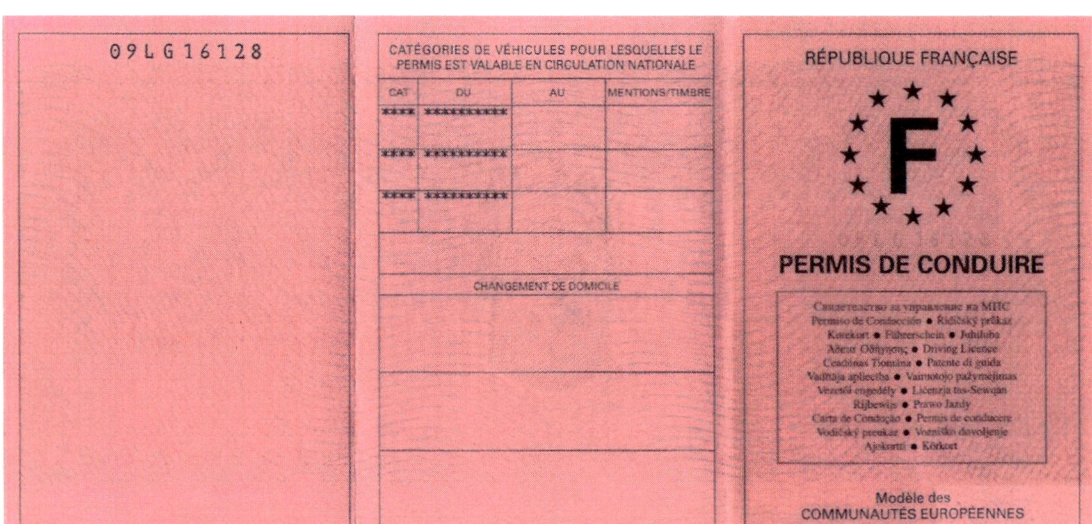

STARS AU RADAR

IL N'Y A PAS QUE LES AUTOMOBILISTES LAMBDA QUI SONT À LA MERCI DES RADARS. ET QUAND LES PANDORES ALPAGUENT UNE PERSONNALITÉ EN EXCÈS DE VITESSE, **L'INFO FINIT PRESQUE TOUJOURS PAR ÊTRE RENDUE PUBLIQUE.**

Vous trouverez dans le tableau ci-dessous certaines des plus belles prises enregistrées par les hommes en bleu depuis le début des années 2000.

On accordera tout de même une « mention spéciale » au pilote de F1 René Arnoux, qui en 1987 avait été flashé à 242 km/h dans un village de la Nièvre, au lieu des 60 km/h autorisés.

Qui ?	Quelle vitesse ?	Quelle voiture ?	Où et quand ?
Milan Baros (footballeur)	271 km/h	Ferrari F430	2007 - A42
Jérôme Rothen (footballeur)	232 km/h	Porsche 911	2008 - A13
Jean-Marie Bigard (humoriste)	230 km/h	Mitsubishi Lancer	2006 - A13
Jenson Button (pilote)	228 km/h	BMW série 3	2000 - A9
Eric Clapton (star du rock)	216 km/h	Porsche 911	2004 - A6
Olivier Panis (pilote)	212 km/h	Ferrari F430	2008 - A40
Mickaël Landreau (footballeur)	212km/h	Audi TT	2004 - A85
Juan Pablo Montoya (pilote)	204 km/h	BMW X5	2003 - A8
Patrick Bruel (acteur/chanteur)	201 km/h	Mercedes Classe E	2003 - A10
Lewis Hamilton (pilote)	196 km/h	Mercedes CLK 63 AMG	2007 - A26
Jean Alesi (pilote)	191 km/h	Mercedes Classe E	2003 - A42

Pilotes de course et footballeurs sont les chouchous des radars. À 271 km/h, Milan Baros aurait pu terminer au ballon...

Bizarrement, aucune voiture française dans ce palmarès. Les stars roulent généralement allemand, voire italien.

SURF

L'IMAGERIE DU SURF A TOUJOURS ATTIRÉ LES CONSTRUCTEURS AUTOMOBILES.

Rien qu'en France, on se souvient que Renault, dont certaines publicités télévisées pour le Captur évoquent directement le monde de la glisse, s'était auparavant successivement associé aux marques de surfwear Billabong et Rip Curl pour des séries spéciales sur ses Clio. Quant à Peugeot, il a longtemps eu partie liée à Quiksilver qui « rhabillait » ses 106, 206 et autres Partner.

Mercedes est allé plus loin en s'associant au surfeur Garrett McNamara pour créer une série de 4 planches spécialement adaptées au *tow in* (surf tracté sur grosses vagues). Le dernier modèle en date innove en étant en grande partie constitué de liège, matériau écolo qui offre à la fois souplesse et résistance, deux qualités primordiales pour s'attaquer aux houles hivernales sur le spot de Nazaré, au Portugal, là même où l'américain s'est illustré à de nombreuses reprises ces dernières années. Pour la marque à l'étoile, un excellent moyen de rajeunir et dynamiser son image.

En fait, de nombreuses et anciennes passerelles existent donc entre ces deux mondes a priori opposés, ainsi que l'illustre le cas des woodies, ces breaks dont les panneaux de carrosserie sont en bois et qui symbolisent parfaitement la Californie des années 60.

Le surfeur-artiste Jay Nelson s'est fait connaître en greffant des cellules en bois à toutes sortes de véhicules.

Ces véhicules étaient prisés des surfeurs parce que peu chers (il s'agissait de modèles fabriqués dans les années 40 et 50, souvent très fatigués) et spacieux, permettant aux *beach bums* (vagabonds des plages, ainsi qu'étaient alors souvent surnommés les surfeurs) d'y dormir et de glisser leurs *longboards*, dont les ailerons dépassaient du hayon dont la vitre était généralement supprimée. Aujourd'hui, les modèles de collection parfaitement restaurés s'échangent à prix d'or. L'autre véhicule iconique du surf est bien sûr le combi Volkswagen, à bord duquel nombre de surfeurs européens auront pris la route du sud – notamment le Maroc – dans les années 70. Mais le Combi était aussi très populaire aux États-Unis et en Afrique du sud, alors que les surfeurs australiens avaient tendance à lui préférer de plus toniques gros breaks Holden ou Ford à motorisation V6 ou V8. Dans un article publié en 2001, le magazine spécialisé *The Surfer's Journal*, dans son édition américaine, a quant à lui consacré la Coccinelle comme « voiture officielle du surf au XXe siècle ».

La Jeep est également très appréciée des surfeurs (surtout américains), à la fois pour son look et ses capacités hors-bitume. Idem pour les pick-up type Toyota Hilux, qui présentent l'avantage d'être à peu près increvables. Et en cas de problème lors d'un surftrip lointain, le fait qu'il s'agisse de modèles très répandus assure une disponibilité immédiate ou presque de pièces détachées.

Plus insolite, citons aussi la Surfite (1964), œuvre du fabricant de customs californien Ed Roth, une minuscule monoplace sur base de Mini Cooper dotée d'un emplacement spécial pour glisser une planche à côté du conducteur. Quant au surfeur américain Jay Nelson, basé à San Francisco, il s'est fait connaître depuis quelques années en greffant de spectaculaires structures en bois à des véhicules banals (voiture, pick-up, scooter, quadricyle...), qu'il transforme ainsi en camping cars aussi *cosy* et stylés que peu aérodynamiques. Un artiste à découvrir, en tout état de cause.

La Surfite, première voiture pensée pour faciliter la vie du surfeur.

La Coccinelle porte le titre de « voiture officielle du surf au XXe siècle ».

Le surf est aussi un formidable outil de marketing pour les constructeurs. En témoigne le cas de la C4 Cactus Rip Curl présentée par Citroën au printemps 2016.

TAXI (PARISIEN)

DANS LE GENRE PÉNIBLE, LE TAXI PARISIEN SE POSE SOUVENT LÀ.

Sous prétexte que lui travaille (pas vous, peut-être ?), il va s'arrêter au milieu d'une rue et bloquer la circulation pour faire descendre son passager, alors même qu'il aurait toute la place de se garer sur la place de livraison juste à côté s'il se donnait la peine de tourner son volant.

Si vous roulez souvent en ville, c'est une situation que vous avez forcément déjà vécue. Surtout, les taxis ont à peu près tous les droits : ils peuvent utiliser les couloirs de bus, se voient partiellement exonérés de taxes sur les carburants, ne sont pas tenus de porter la ceinture (on se demande bien pourquoi, alors qu'ils sont plus exposés aux risques que la moyenne du fait de leur fort kilométrage !) et, on l'a vu plus haut, peuvent s'arrêter absolument n'importe où (et souvent n'importe comment). De plus, ils privilégient les « bonnes courses » vers les aéroports et sont donc souvent introuvables en ville. Ce qui ne serait pas si grave s'ils se montraient tous aimables. Mais là encore, il reste du chemin à parcourir. Dans les études qui leur sont consacrées, les taxis parisiens sont régulièrement pointés du doigt pour leur manque d'amabilité et de disponibilité, quand leurs homologues londoniens sont plébiscités.

Bref, si le taxi sympa, excellent baromètre sociologique, capable de vous donner une foule de renseignements sur une ville qui vous est inconnue, existe bel et bien... il semble hélas minoritaire !

TINTIN

L'AUTOMOBILE EST UN ÉLÉMENT ESSENTIEL DES AVENTURES DE TINTIN, PUISQU'ELLE APPARAÎT DÈS 1930 QUAND LE REPORTER PART ***AU PAYS DES SOVIETS.***

D'Alfa Romeo à Zil, on la retrouvera très régulièrement au fil des 22 albums qui suivront. Au cœur de l'intrigue ou simple élément de décor, généralement très fidèle à des modèles de série existants, et bien souvent porteuse d'un clin d'œil à la réalité qui mérite parfois un décryptage, lequel a été fourni à l'auteur par Michel Demarets, décédé à l'automne 2014, qui fut dessinateur au studio Hergé.

Pourquoi une Lancia Aprilia dans *Tintin au pays de l'or noir* ? Parce qu'Hergé avait passé des vacances en Italie...

Il avait à son actif, entre autres, la plupart des véhicules de *L'île noire* et de *Tintin et les Picaros* : « *Je suis entré au studio en 1954, après des études de dessin industriel, et j'y ai passé toute ma carrière. Hergé aimait les voitures. Quand j'ai commencé à travailler avec lui, il avait même deux grosses Rover. Il a aussi possédé une Porsche 356, laquelle apparaît dans l'image du rallye à la dernière case de* Coke en stock. *Hergé se réservait le dessin des personnages, et tout particulièrement Tintin et Milou, mais pour le reste nous étions une équipe, notamment composée de Jacques Martin (Alix), Bob De Moor (Barelli) ou Roger Leloup (Yoko Tsuno) et nous nous répartissions le travail selon nos goûts et nos disponibilités. Pour les véhicules, j'ai surtout œuvré dans la version retravaillée de* L'Île noire, *avec notamment la Jaguar, la Triumph Herald et la Morris, ainsi que dans les* Picaros. *Il n'y avait pas de règle préétablie pour le choix des véhicules, nous choisissions souvent au gré de nos envies, en fonction des documents et dépliants dont nous disposions. Mais il y avait quelques exceptions: la Lancia Aprilia de* L'Or noir, *c'est Hergé qui l'a voulue car il était parti en vacances en Italie au volant de son Opel Olympia, qui apparaît dans* Le Sceptre d'Ottokar, *et il n'avait cessé de se faire doubler par des Lancia !* »

Souvent, les propres autos d'Hergé apparaissaient dans les albums. Comme cette Opel Olympia dans *Le Sceptre d'Ottokar.*

À la lecture des albums, se pose tout de même une question importante : Tintin est-il (directement ou non) un danger public ? Sur la route, le héros s'affranchit bien souvent de la réglementation en vigueur pour parvenir à ses fins.

La Lancia Aurelia B20 de *L'affaire Tournesol*, actrice de l'une des scènes automobiles les plus folles des aventures de Tintin.

Ainsi, comme le précisent les auteurs de la monographie *Tintin, Hergé et les autos* (éd. Moulinsart), « *Tintin ne descend que rarement d'une voiture ou d'une moto qu'il pilote sans avoir eu, au préalable, un accident.* » Il échappe ainsi au pire, comme conducteur ou passager, dans *L'Oreille cassée*, *Le Sceptre d'Ottokar* (à moto), *L'affaire Tournesol*, *Tintin en Amérique*, *Les cigares du Pharaon* ou *Tintin au pays de l'or noir* (!). On pense aussi à la fameuse poursuite de *L'Affaire Tournesol*, où Tintin et Haddock sont pris en charge par il signore Cartofolli, Arturo Benedetto Giovanni Giuseppe Pietro Archangelo Alfredo de son prénom (en référence au grand pianiste italien Arturo Benedetti Michelangeli, également amateur d'automobile), qui va les emmener pour une folle course poursuite au volant de sa Lancia Aurelia B20, semant la terreur dans un village, sans conséquence heureusement. Sacré palmarès ! Mais intéressons-nous de plus près aux autos-stars de la série.

Ford T
Tintin au Congo

La Ford T est sans doute la plus connue des voitures de Tintin, puisqu'elle a même les honneurs de la couverture d'un album. Elle est également la dernière voiture que le héros achètera et paiera de sa poche, après la sportive inspirée d'une Amilcar vue dans *Tintin au pays des Soviets* : un modèle « *qui en palier fait du 150 à l'heure* », pour reprendre l'argumentaire du vendeur. Dans les 21 albums suivants, notre héros se contentera d'utiliser des voitures appartenant à ses amis ou ennemis.

La Ford T aura même les honneurs d'une couverture d'album.

Jeep
Tintin au pays de l'or noir, Objectif lune

Tintin et la Jeep étaient faits pour s'entendre. De fait, ils se retrouveront à deux reprises.

Archétype de la voiture d'aventurier et véritable mythe roulant, la Jeep ne pouvait rater le rendez-vous avec le reporter… qui n'en prendra pourtant pas le volant, sauf pour illustrer la couverture de *Tintin au pays de l'or noir*. La couverture d'un album (qu'elle occupe à deux reprises) est un privilège que la Jeep est la seule à partager avec la Ford T. À noter aussi, l'apparition d'une rare version Station Wagon dans *L'affaire Tournesol*.

2 CV - *L'affaire Tournesol, Les bijoux de la Castafiore*

Michel Demarets : « *La 2CV des Dupondt dans* L'Affaire Tournesol *est verte, et beaucoup de gens ont cru à une fantaisie de notre part car les 2CV de l'époque étaient exclusivement grises. Mais ça n'était pas le cas en Belgique, où l'importateur Citroën proposait des versions « luxe » vertes ou blanches. Quant à l'immatriculation 0589F, c'était celle de la 2CV de Roger Leloup, l'un de mes collègues du studio.* »

Limousine - *Tintin et les Picaros*

Michel Demarets : « *Pour la limousine officielle dans les Picaros, la base était la Mercedes 600, que j'ai mâtinée de ZIL soviétique. Quant aux quatre feux avant, ils s'inspirent de ceux de la Fiat 130. Et j'ai bien sûr rajouté la calandre à moustache de Plekszy-Gladz.* »

La limousine des Picaros est une création de Michel Demarets, sur base de Mercedes 600.

Moto Honda - *Tintin et les Picaros*

Michel Demarets : « *Pour la petite moto Honda conduite par Tintin dans les Picaros, j'avais pris comme modèle celle de mon voisin. La première vignette situe l'action au cœur de l'hiver, car il nous fallait être raccord avec le carnaval de Rio.* »

T comme…

JEAN TODT

COMME LA POLITIQUE, **LE SPORT AUTOMOBILE EST UN DOMAINE OÙ TOUT LE MONDE ADORE DIRE DU MAL DE SON PROCHAIN.** POURTANT, MÊME EN CHERCHANT BIEN, IL VOUS SERA QUASIMENT IMPOSSIBLE DE TROUVER QUELQU'UN POUR CRITIQUER JEAN TODT, **PRÉSIDENT DE LA FÉDÉRATION INTERNATIONALE AUTOMOBILE.**

Interrogé sur sa réussite à la tête de la Scuderia Ferrari, qu'il dirigera de 1994 à 2007, l'homme explique celle-ci très simplement : « *J'habitais à 5 km de l'usine. J'arrivais très tôt au bureau, et j'en partais très tard. Et je me disais très souvent : "ils vont me virer", tant j'étais persuadé qu'ils ne me trouvaient pas assez bon alors que les premiers résultats tardaient à arriver.* »

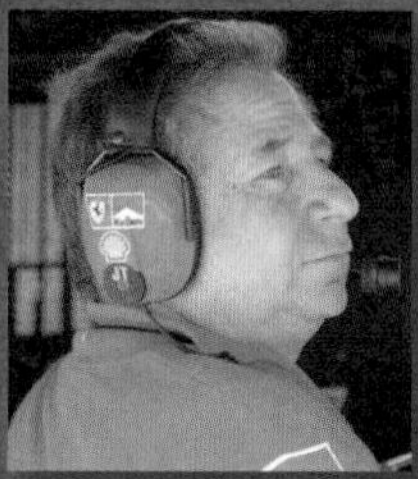

Cette anxiété permanente aura poussé toute sa vie ce perfectionniste à donner le meilleur de lui-même. Guy Fréquelin, qui eut Todt comme coéquipier en rallye, n'était pas réputé pour être un tendre avec ses collègues. Et pourtant : « *Jean est un extraordinaire professionnel. Je l'ai eu comme équipier, puis comme patron. Il y a une constance chez Jean, c'est le travail acharné, son intelligence, le souci du détail. Pour le travail et le souci du détail, on a la même façon de voir les choses. En ce qui concerne l'intelligence, je ne me mettrais pas à son niveau.* » Ari Vatanen, qui l'eut comme patron chez Peugeot Sport avant de se retrouver face à lui pour l'élection à la tête de la FIA : « *Après mon terrible accident au rallye d'Argentine 1985, il a été là tout le temps, et a joué un rôle très important pendant ma convalescence. J'étais dans un trou noir, dont lui-même ignorait la profondeur. Il s'est beaucoup inquiété de ma santé. À un moment, on pensait que mon pied gauche resterait immobile à jamais. Je ne pouvais pas le lever du tout. Jean parlait alors de produire une voiture sans embrayage, et en avait fait étudier la faisabilité. Il s'est très bien occupé de moi. Des années plus tard, nous serions rivaux pour la présidence de la FIA… J'avais mis Jean au courant de mes intentions des années avant l'élection, alors qu'il était à fond avec Ferrari. Je lui disais que si Max (Mosley) passait la main, j'avais l'intention de me présenter pour lui succéder. Et je lui disais : "Mais toi aussi, ça doit t'intéresser ?" Et lui me répondait qu'il se tâtait, car il voulait du temps pour lui-même, voir son fils… Du coup je me suis présenté. Le hic, c'est que Max Mosley avait décidé de laisser sa place, mais uniquement à Jean ! L'affaire était réglée, sauf qu'une élection où il n'y a qu'un candidat, ce n'est pas de la démocratie… Mais là, ça va de nouveau bien entre nous. Il faut dire que maintenant, je suis Président de la Fédération estonienne de sport automobile ! Quand j'ai été nommé, j'ai même appelé Jean en plaisantant, pour lui dire que je n'allais pas le lâcher comme ça !* »

Mêmes propos flatteurs chez Jean Alesi, qui l'eut comme patron chez Ferrari : *« Il n'y a pas de mystère Jean Todt. Tout ce qu'on imagine sur lui est vrai. C'est l'homme le plus professionnel, le plus perfectionniste, que j'ai croisé dans ma vie. Toujours en éveil. Il ne laisse rien traîner. Vous pouvez l'appeler à n'importe quel moment du jour ou de la nuit, il est toujours joignable. Et quelle connaissance de la course ! Il a tout gagné : en rallye, au Dakar, au Mans et bien sûr en F1. »*

Et quand on évoque l'épisode peu glorieux des qualifications du GP de Monaco 2006, où l'on avait vu Michael Schumacher, alors pilote de la Scuderia Ferrari dirigée par Jean Todt, faire caler sa voiture juste devant un mur de pneus pour gêner Alonso qui était en train de battre son temps, la réponse fuse : « *Ah non, ce n'est certainement pas Jean Todt qui lui a dit de se planter. Michael n'a besoin de personne pour faire ce genre de coups fourrés !* » Définitivement intouchable, donc !

Alors que les résultats tardaient à arriver chez Ferrari, Michael Schumacher imposa le maintien de Jean Todt à la tête de la Scuderia. La suite lui donna raison.

TOYOTA WAR

DEPUIS SON APPARITION EN 1967, LE PICK-UP TOYOTA HILUX, INCREVABLE BÊTE DE SOMME, S'EST ÉCOULÉ À PLUS DE 15 MILLIONS D'EXEMPLAIRES À TRAVERS LE MONDE.

Plus qu'une voiture, c'est un mythe qui s'est forgé dans les conditions de circulation les plus sévères, sous les climats les plus rudes, de Tanger au Cap de Bonne Espérance, d'Anchorage à Ushuaïa, de la toundra russe au bush australien.

Un succès qui s'explique par la fiabilité hors pair dont fait preuve l'engin, ses hypothétiques défaillances trouvant toujours un remède dans les contrées les plus reculées. Partout, le Hilux impose sa silhouette et sa signature, en l'occurrence cet imposant « TOYOTA » inscrit en lettres capitales sur l'abattant arrière de la benne.

Ses qualités sont également très appréciées des insurgés en tous genres qui, à travers toute la planète, en ont fait leur monture favorite. Regardez bien les prochaines images télévisées de conflits armés, où que ce soit dans le monde. Les rebelles (ou terroristes, c'est selon) circulent systématiquement à bord de Hilux dont la benne se voit généralement garnie d'un canon, et sur laquelle s'entassent parfois une bonne dizaine de personnes armées jusqu'aux dents. Le surnom de cette increvable bête de somme? *The Technical*. Mieux (ou pire), cette véritable icône guerrière (également disponible en maquette à monter soi-même, canon compris !), a même le triste privilège d'avoir donné son nom à un conflit, en l'occurrence la *Toyota War*, qui avait opposé la Lybie au Tchad en 1987. On se souvient de ces images spectaculaires de combattants tchadiens entassés dans la benne de leurs Toyota équipées de missiles Milan antichar, appréciées pour leur capacité à rouler à 100 km/h à travers les champs de mines sans déclencher l'explosion de celles-ci. Depuis, l'auto a gagné ses galons dans tous les points chauds du globe, se hissant au rang d'équivalent automobile de la Kalachnikov.

Le Toyota Hilux est la voiture «officielle» des rebelles et autres terroristes.

TRAIN BLEU

À LA FIN DES ANNÉES 20, LES GENTLEMEN DRIVERS BRITANNIQUES SE METTENT EN TÊTE DE BATTRE LE CALAIS-MÉDITERRANÉE EXPRESS, SURNOMMÉ TRAIN BLEU EN RAISON DE LA COULEUR DES WAGONS-LITS, SUR SON PARCOURS RELIANT CALAIS À LA CÔTE D'AZUR OÙ L'ARISTOCRATIE AIME À PASSER L'HIVER SOUS DES CIEUX PLUS CLÉMENTS.

Il faudra néanmoins attendre janvier 1930 pour qu'une voiture fasse mieux que le train.

À 61 km/h de moyenne sur les 1 210 kilomètres reliant Saint-Raphël à Calais, la Rover Light Six conduite par un certain Dudley Noble ne l'emporte que de 20 minutes, mais l'exploit connait un retentissement considérable outre-Manche, avant d'être battu quelques semaines plus tard par un autre anglais, mais de 3 heures cette fois.

Ce qui va titiller Woolf « Babe » Barnato – pilote de course émérite, héritier d'une fortune acquise dans les mines d'Afrique du sud, et figure de ce que l'on n'appelait pas encore la jet-set – qui en mars 1930 va à son tour s'attaquer au record. Attablé un soir au Carlton, à Cannes, il prétend ainsi qu'au volant de sa Bentley Mulliner Speed Six saloon, il arrivera à Londres avant que le train n'atteigne Calais, et mise 200 £ là-dessus ! Partis de Cannes à 17h45, Barnato et son copilote rejoignent Boulogne-sur-mer à 10h30 le lendemain matin, embarquent à bord d'un vapeur pour Folkestone à 11h30, traversent le Channel et arrivent à Londres aux alentours de 15h20, 4 minutes avant que le train n'arrive à Calais ! À près de 70 km/h de moyenne, le Bentley Boy (il avait pris le contrôle de la compagnie en 1926, et sera le seul pilote à remporter Le Mans à trois reprises en autant de participations en 1928, 1929 et 1930) entre dans la légende.

On notera que l'Association des constructeurs automobiles français tentera d'infliger à cette occasion une amende de 160 £ à Bentley pour pratique de la compétition sur route ouverte, que Barnato refusera toujours de régler sous le prétexte qu'il n'avait pas conduit en tant que patron de la marque mais en tant que pilote individuel. Une aventure qui fait partie des mythes fondateurs de Bentley, propriété du groupe Volkswagen depuis 1998.

Dans les années 30, il est du dernier chic de rouler plus vite que le train. Au volant de sa Bentley, Woolf Barnato s'y emploiera avec style.

JEAN-LOUIS TRINTIGNANT

JEAN-LOUIS TRINTIGNANT, DONT L'ONCLE MAURICE REMPORTA LE GRAND PRIX DE MONACO À DEUX REPRISES DANS LES ANNÉES 50, N'AURA PAS FAIT QUE JOUER LES PILOTES DE CINÉMA DANS *UN HOMME ET UNE FEMME.*

Il courra notamment aux 24 Heures du Mans (1980) et aux 24 Heures de Spa, course où il se classera deuxième en 1982, son meilleur résultat en compétition, au volant d'une BMW 528i, associé à Jean-Pierre Jarier (pilote de F1, notamment) et Thierry Tassin.

Un amateur plutôt éclairé, donc, mais aussi très modeste, comme il l'avait prouvé lors de son interview après-course à Spa : « *On m'a souvent demandé ce que je pensais de la deuxième place de Paul Newman aux 24 Heures du Mans, et je disais toujours que n'importe quel acteur, avec deux très bons équipiers, peut gagner une course d'endurance. Et c'est ce qui m'arrive aujourd'hui, voilà. J'ai fait ce qu'on attendait de moi. J'avais tellement peur de mal faire et d'être une tâche au milieu de tout ça. Une deuxième place ici, c'est inespéré. Je suis content, non d'avoir été au niveau de mes coéquipiers, mais de ne pas les avoir fait perdre.*» La classe.

ARI VATANEN

S'IL N'A JAMAIS ÉTÉ CHAMPION DU MONDE DES RALLYES AVEC PEUGEOT, LE PILOTE FINLANDAIS N'EN SYMBOLISE PAS MOINS L'ENGAGEMENT ET LES SUCCÈS DE LA MARQUE DANS LES ANNÉES 80, AVEC LA 205 TURBO 16.

Ceux-ci seront suivis par des victoires à Pikes Peak ainsi qu'au Dakar, une course qui contribuera à forger l'engagement humaniste de Vatanen, qui sera député européen pour la France de 1999 à 2009: « *Un Dakar, c'est 13 000 km. Humainement parlant, c'est formidable. À l'époque, on avait beaucoup de temps pour faire les reconnaissances. Le temps que je passais alors en Afrique m'a beaucoup aidé à forger mes opinions sur la famille humaine, sur un monde sans frontières. Et ça m'a aidé par la suite, quand j'étais député européen, quand il était question de politique agricole ou de protectionnisme. En fait, il n'y avait rien de plus faux que la caricature que l'on faisait de la course. Je suis allé il y a quelques années à Dakar, et les gens à qui j'ai parlé étaient attristés que la course ne vienne plus. Les Africains sont déjà privés de tout, faut-il en plus les priver du Dakar ?* »

Dans cette interview accordée à l'auteur de l'ouvrage et à Thierry Soave pour *Question Auto*, Vatanen livrera un scoop : il ne boit pas que du lait !

« *J'en buvais sur le podium en vertu d'un contrat publicitaire. Mais aujourd'hui je produis du vin, je n'ai rien contre un peu d'alcool. Mais c'est amusant : au restaurant, quand on me voit prendre du vin, on me dit : ah, tiens, vous ne buvez pas seulement du lait ! Cette histoire a marqué les esprits...* » Enfin, si on lui demande s'il nourrit quelque regret concernant sa carrière sportive, l'homme a cette réponse : « *Il y a une bonne dizaine d'années, j'étais à Monaco au restaurant avec Rita, ma femme. À côté de nous, il y avait Michael Schumacher, tout seul, qui répondait beaucoup au téléphone. Il a pris une tarte aux pommes en dessert. Et vous savez, la meilleure partie de la tarte aux pommes, c'est cette gelée qu'il y a entre les morceaux et au dessus. Et bien il a raclé la gelée minutieusement, pour ne pas manger de sucre ! Par la suite, on m'a demandé ce que je pensais de lui en tant que champion, alors qu'il avait déjà trois ou quatre titres à son actif. Et j'ai répondu que si le prix à payer, pour être un si grand champion, était d'enlever la meilleure partie de la tarte aux pommes, alors très peu pour moi !* »

Ari Vatanen et la 205 Turbo 16, icônes des années 80.

VINGT-QUATRE HEURES

L'AUTOMOBILE, UN PHÉNOMÈNE DE SOCIÉTÉ ? OUI, PARCE QU'ELLE RECOUVRE DES DOMAINES AUSSI VARIÉS QUE LA SÉCURITÉ ROUTIÈRE, L'INDUSTRIE, LE COMMERCE, OU L'ENVIRONNEMENT.

Pour vous donner une idée de son importance dans notre vie quotidienne, voici 24 heures d'automobile en France résumées en quelques chiffres.*

Sécurité routière - En 24 heures :

- **65 479** contraventions sont constatées par les forces de l'ordre et le système de contrôle-sanction automatisé
- **36 986** points de permis sont retirés (dont **21 000** pour excès de vitesse et **3 500** pour usage d'un téléphone tenu en main alors qu'on se trouve au volant)
- **28 767** dépistages d'alcoolémie sont effectués, entraînant le retrait de **2 739** points pour une alcoolémie supérieure à 0,5 g/litre de sang
- **2 975** permis de conduire B (automobile) sont délivrés
- **234** permis de conduire sont invalidés en raison d'un solde de points nul
- **900** personnes sont blessées sur les routes (dont **100** gravement)
- **9** personnes perdent la vie dans un accident de la circulation

Commerce et usage - En 24 heures :

- **5 927** voitures particulières neuves sont vendues (dont **347** Renault Clio)
- **14 920** voitures changent de propriétaire (dont **6 108** sont âgées de plus de dix ans)
- **64 568** voitures particulières passent le contrôle technique (dont **12 300** sont soumises à contre-visite)
- **82 500** pneus tourisme sont vendus
- **298** voitures sont dérobées

Industrie et environnement - En 24 heures :

- **7 729** véhicules (voitures particulières et utilitaires) sont produits en France
- Le groupe PSA Peugeot-Citroën, plus gros « inventeur » français dépose **5** brevets auprès de l'INPI (et même **5,4** brevets pour être précis, soit plus que Safran ou le Commissariat à l'énergie atomique)
- **136 986 000** de litres de carburant partent en fumée sur nos routes
- Les sociétés d'autoroute réalisent un chiffre d'affaires de **25,3** millions d'euros
- **4 100** véhicules deviennent hors d'usage, générant plus de **4** millions de tonnes de déchets
- L'automobiliste français parcourt en moyenne **34,7** km, soit l'équivalent de **4** kg de CO2 rejetés dans l'atmosphère ●

* Sources : CCFA, CNPA, INSEE, Ademe, Ministère de l'Intérieur, Sécurité routière, constructeurs, syndicats professionnel. Données 2014 principalement, ou 2012/2013 quand celles-ci n'étaient pas encore disponibles.

GABRIEL VOISIN

AUTORISONS-NOUS ICI EXCEPTIONNELLEMENT UNE ANECDOTE PERSONNELLE.

C'est un moine, aujourd'hui décédé, qui a permis à l'auteur du présent ouvrage de débuter dans le métier de journaliste.

Mais un moine un peu particulier, puisque le Père Géhard, bénédictin, co-fondateur du Prieuré Saint-Benoît dans la Vallée de Chevreuse, était passionné d'automobile (il choisira le noviciat alors qu'il était sur le point d'intégrer Polytechnique) et avait réalisé de ses mains une incroyable collection de voitures miniatures de la marque Voisin, absolument époustouflantes de réalisme, au sujet de laquelle votre serviteur signera son premier papier dans *Auto Plus*.

Né en 1914 dans une famille de médecins, le petit Jean Géhard avait appris à connaître la marque Voisin très tôt : « *Les Voisin donnaient ce sentiment de posséder des voitures pas comme les autres. De fait, elles étaient celles des artistes et le choix officiel de l'Élysée à l'époque*. » À l'adolescence, sa passion pour la mécanique poussera notre homme à entreprendre un projet un peu fou : construire une maquette au 1/10ème d'une Voisin 17CV 1923 appartenant à un ami de son père : « *J'en ai pris les mesures, puis tiré des plans. J'ai mis deux ans à la terminer*. » Le résultat tient en 30 centimètres de zinc (on ne peut pas souder l'aluminium utilisé pour les vraies Voisin), avec des suspensions et un frein à main fonctionnel, le tout grâce à des ressorts de pendule, des sièges en cuir véritable, une boîte de vitesses qui craque si on la manipule, et une direction démultipliée (deux tours de butée à butée). Une dizaine de fabuleuses miniatures au 1/43ème complèteront une collection essentiellement composée de Voisin (Lumineuse 1927, Simoun 1931, Aérodyne 1935...), mais aussi d'une Citroën 5CV 1925. Ce talent vaudra même à Jean Géhard une commande de plans de la part de Solido quand la marque voudra commercialiser une miniature Voisin 17CV C24.

Cette fascination exercée par la marque Voisin sur notre homme d'église – et pas seulement sur lui – s'explique par l'aura qu'exerçait Gabriel Voisin (1880-1973), sorte de génie visionnaire de l'automobile. Pionnier de l'aviation, il fonde en 1906 avec son frère Charles l'entreprise « Les frères Voisin » à Boulogne-Billancourt pour fabriquer des aéroplanes. Le 13 janvier 1908, à Issy-les-Moulineaux, un avion Voisin piloté par Henry Farman réussit un vol d'un kilomètre en circuit fermé (un aller-retour de 500 m), un exploit qui figure parmi les mythes fondateurs de l'aviation. La société des frères Voisin fabriquera plus de 10 000 avions, mais en 1918 Gabriel, seul aux commandes depuis la mort accidentelle de Charles en 1912 en voiture, décide de s'orienter vers l'automobile, qu'il juge plus porteuse pour l'avenir. Son expérience d'avionneur le poussera vers l'innovation constante, en même temps qu'elle le dotera d'une quasi-obsession pour les questions aérodynamiques, alors que cette notion est encore assez secondaire pour les véhicules à quatre roues. Voisin est d'ailleurs l'un des seuls à son époque à produire des voitures complètes, quand ses concurrents se contentent de fabriquer châssis et moteurs, laissant aux clients le soin de choisir leur propre carrossier. La marque fabriquera de nombreuses merveilles réputées pour leurs performances (certaines établiront plusieurs records de vitesse, comme la C6 Laboratoire en 1923), dont les tarifs atteignent désormais des sommets dans les ventes aux enchères.

Pour autant, Gabriel Voisin était un homme original, bourreau de travail en perpétuel quête d'excellence en même temps qu'esprit libre, qui écrit dans son ouvrage *Mes mille et une voitures* (éd. du Palmier) ceci : « *Ne nous y trompons pas, l'automobile est l'empire de l'artisanat, le royaume du bricolage et le paradis de l'esbroufe.* » Mais c'est probablement l'écrivain Paul Morand, qui dans son *Journal inutile*, résumera le mieux le personnage :

« *Depuis [19]24, j'ai toujours trouvé en [Gabriel Voisin] l'ami le plus sûr. Un génie de la mécanique. Il méprisait Citroën (c'est un ingénieur, un assembleur de pièces). Le goût, la sûreté de ses dessins mécaniques, l'élégance, une continuelle invention : l'aérodynamisme des lignes, la malle arrière, le pneu de secours, l'abaissement du centre de gravité, les "bains-de-pied", pour les pieds des voyageurs, l'arbre central surélevé, l'usage de l'aluminium, l'influence de l'avion sur la voiture. Adoré et admiré des ouvriers. Je l'ai vu enseigner, dans ce langage d'usine qu'il maniait comme personne, ses ouvriers ébahis, se mettant à la place de l'homme, usinant la pièce à sa place. Inventeur comme* Vinci. *Je l'ai vu inventer des fusils, des pièges, des poêles, des lignes, des mini-moteurs (en Espagne), des meubles. Il peignait, dessinait, sculptait. Il s'est ruiné dix fois. [...] [Gabriel Voisin] s'est ruiné parce qu'il n'était ni comptable, ni administrateur. Ses voitures trop parfaites, le coût de revient, il n'y pensait jamais. Indifférent à l'argent. Gai, violent, coléreux, enthousiaste, adoré des femmes, emmerdé par leur jalousie. Il avait trois ménages, il déjeunait deux fois avec deux femmes différentes. Rusé, roublard, Don Juan, burlador ; doué d'une puissance physique prodigieuse, se tuant au lit et à l'usine. [...] Je l'ai encore vu, il y a six ans, bricolant, montant ses meubles au premier étage au cours d'une inondation (une rivière passait sous sa maison), continuant à faire seul des travaux de géant. [...] Sa vie ne fut qu'une longue lutte, aussi intense que le plaisir qu'il aimait, mais moins que le travail. Un des plus beaux, des plus complets types humains qui traversèrent ma vie.* »

L'incroyable Voisin Laboratoire (1923), taillée pour la vitesse. Notez la petite hélice au sommet de la calandre : à partir de 50 km/h, celle-ci actionne une pompe à eau.

VOITURES DE POLICE

EN FRANCE, LES BRIGADES RAPIDES D'INTERVENTION DE GENDARMERIE ONT LE PLAISIR DE ROULER EN RENAULT MÉGANE RS : 6,1 SECONDES POUR PASSER DE 0 À 100 KM/H, 25,7 S POUR PARCOURIR LE KILOMÈTRE DÉPART ARRÊTÉ, ET 250 KM/H EN POINTE.

70 exemplaires avaient été livrés fin 2010 en remplacement des Subaru Impreza avec lesquelles certains pandores avaient eu de spectaculaires accidents, ainsi qu'en attestent de nombreuses photos circulant sur Internet.

Reste que la Mégane soutient difficilement la comparaison avec la dotation de certains collègues. En Allemagne, Mercedes, Audi et BMW comptent logiquement parmi les fournisseurs de la polizei, généralement en carrosserie break avec de gros diesels. Par le passé, quelques Porsche 911 ont aussi été enrôlées. En Grande-Bretagne, BMW a fourni ces dernières années 52 véhicules à la police : au programme, des 330d berline et break Interceptor (tout un programme...), des 530d (berline et break), ainsi que

des X1, X3 et X5. Joli lot ! En Italie, la Lamborghini Gallardo (500 ch) a laissé sa place au sein de la polizia stradale à l'Huracan LP610-4, dont circule un exemplaire depuis mai 2014. Parmi les équipements spécifiques de la bête (325 km/h en pointe) figurent un radar, un défibrillateur et un compartiment réfrigéré permettant le transport d'organes.

La championne toutes catégories est toutefois la police de Dubaï, dont le parc automobile comprend notamment des Bugatti Veyron, Ferrari FF, McLaren MP4-12C, BMW M6, Mercedes SLS, Bentley Continental, BMW i8 et autres Nissan GT-R.

Cela a d'ailleurs incité l'émirat voisin d'Abu Dhabi à investir à son tour, mais dans une plus paisible Rolls-Royce Phantom « police »... Des voitures qui servent moins à intercepter les auteurs d'infractions qu'à parader en ville pour être photographiées par les touristes, mais peu importe : sur le plan de la communication, le résultat est parfaitement atteint. ●

La police d'Abu Dhabi dispose d'une Rolls Phantom. L'engin a beau être puissant, il sert juste à la parade.

Lamborghini, Ferrari, Bugatti... : à Dubaï, on patrouille choc.

VOLEURS

MALGRÉ UNE LÉGÈRE REPRISE D'ACTIVITÉ EN 2013 (+0,6%), LE VOL DE VÉHICULES A GLOBALEMENT BAISSÉ DEPUIS LE DÉBUT DES ANNÉES 2000.

On ne peut que se réjouir de cette évolution, principalement due aux progrès des dispositifs antidémarrage électroniques installés dans les voitures.

Reste qu'une grande proportion des actes de délinquance (vol ou tentative de vol) concernent des voitures un peu âgées, car offrant une moindre résistance, comme les Smart Fortwo, Renault Clio 1, et autres Citroën Xsara. Or, celles-ci appartiennent généralement à des personnes aux revenus modestes, ce qui signifie que ce sont les moins riches qui sont le plus souvent victimes des voleurs, avec l'inconvénient supplémentaire de la perte totale d'un véhicule – moins de la moitié des voitures volées sont retrouvées, alimentant notamment des trafics de pièces détachées – qui n'est souvent couvert qu'au tiers afin de faire baisser la prime d'assurance. Bref, c'est la double peine pour les victimes.

Facile à voler, la Smart de première génération est une cible de choix. Les modèles de grande diffusion, souvent vulnérables, alimentent des marchés de pièces détachées.

GEORGES WOLINSKI

LE DESSINATEUR, ASSASSINÉ LORS DE L'ATTAQUE CONTRE *CHARLIE HEBDO* LE 7 JANVIER 2015, APPRÉCIAIT L'AUTOMOBILE.

En 1978, il signera même une publicité pour la Renault 4, sous la forme d'une mini bande dessinée.

Surtout, il décorera dans les années 90 deux voitures de course pilotées par son ami Hervé Poulain, le commissaire-priseur le plus rapide du monde, dont une Porsche 911 GT2 alignée aux 24 heures du Mans 1998. Hervé Poulain, dans un entretien accordé à l'auteur pour *Caradisiac*, se souvient : « *Avec Wolinski, nous nous sommes connus en 1967 au festival de Jazz d'Antibes-Juan les Pins. Il n'était pas un écolo, c'était un athée qui aimait la vie, la chair, et l'automobile. Je lui ai fait découvrir la vitesse, il m'a peint deux voitures. La première était une Lamborghini, pour laquelle il avait eu l'idée d'un pilote séducteur. On voyait une jeune femme se pencher vers le pilote en disant "Ah, mon Hervé, un vrai coureur." Puis je lui ai demandé de peindre la Porsche que j'allais conduire aux 24 Heures du Mans 1998. Comme Le Mans est une fête populaire, je voulais que cette voiture soit peinte dans l'esprit des Panneaux pour la baraque de la Goulue à la Foire du Trône, de Toulouse-Lautrec. La voiture a eu du mal à terminer, elle était très fatiguée mais on s'est classés vingtièmes. Et terminer Le Mans, c'est déjà une victoire en soi. J'avais demandé à Wolinski de monter avec nous les pilotes pour la parade d'avant-course, et je me souviens encore de lui, les bras levés, triomphant comme un empereur romain! Je l'appelais mon bien-aimé...* »

« Georges Wolinski aimait la vie, la chair et l'automobile », dit de lui Hervé Poulain. De la 4L à la voiture de course, il aura ratissé large.

Y comme...

YOUNGTIMERS

D'UN CÔTÉ, LES VOITURES DE COLLECTION. DE L'AUTRE, LES MODÈLES D'OCCASION. ENTRE LES DEUX, LES YOUNGTIMERS.

Les quoi ? Les youngtimers, des modèles de grande diffusion des années 70 et 80 (et même début des années 90), de préférence à caractère sportif, qui comptent des amateurs de plus en plus nombreux, prêts à débourser des sommes parfois rondelettes pour acquérir par exemple une Peugeot 205 GTI, une VW Golf GTI, une BMW 528i ou une Honda CRX.

Bien que trop récentes pour intéresser les collectionneurs, ces voitures sont suffisamment rares et/ou évocatrices pour susciter la convoitise de quadragénaires qui en rêvaient adolescents, quand ils dévoraient la presse spécialisée, et qui ont aujourd'hui les moyens de s'offrir tel ou tel modèle sans mettre la famille sur la paille. Si une belle 205 GTI dans son état d'origine atteint maintenant 6 000 €, voire davantage, on trouve des modèles dignes d'intérêt dès 1 500 €. Une autre catégorie d'acheteurs, moins représentée, est constituée de jeunes retraités qui ont roulé dans ces voitures dans leur jeunesse et en ont conçu une nostalgie qui les amène à replonger.

Les youngtimers, ce sont ces voitures d'occasion à la lisière de la collection. La Golf 2 GTI, icône des années 80, en constitue un parfait exemple.

En 2016, une belle 205 GTI se négocie 8 000 €. Et sa cote continue de grimper.

Pour tous ces amateurs, des motivations comparables : avoir le plaisir de rouler au volant de voitures offrant des sensations de conduite moins aseptisées que les modèles actuels, se montrant utilisables au quotidien et dont la relative rusticité et la disponibilité des pièces permettent d'en réaliser la maintenance dans son garage le dimanche.

Signe de l'intérêt suscité par ces voitures, plusieurs magazines leurs sont consacrés : le premier d'entre eux, baptisé *Youngtimers* et lancé fin 2010, revendique en moyenne 20 000 exemplaires vendus chaque mois. Les constructeurs automobiles s'intéressent aussi à cette clientèle d'un nouveau genre, à l'image de Mercedes, dont le département « young classics », est spécialisé dans la fourniture de pièces et l'entretien pour ses voitures des années 70 et 80.

Un phénomène est né, même si subsiste encore un mur invisible entre youngtimers et « vrais » collectionneurs, qui quand ils organisent un meeting négligent trop souvent de réserver un espace spécial à ce qu'ils considèrent encore comme des modèles d'occasion. Mais les lignes bougent peu à peu, d'autant que l'attrait pour les youngtimers constitue une passerelle idéale vers le monde de l'automobile ancienne. ●

Même les motorisations les plus modestes sont à l'honneur chez les youngtimers. Une R5 de base, de préférence en 3 portes et de couleur vive, est un modèle très recherché.

007

DES LIENS TRÈS FORTS UNISSENT JAMES BOND À ASTON MARTIN, MAIS L'APPARITION D'UNE VOITURE DE LA MARQUE À L'ÉCRAN DOIT AVOIR UN SENS : **L'AUTO DOIT JOUER UN RÔLE DANS L'HISTOIRE, CONTRIBUER À L'ACTION ET À LA RÉUSSITE DE BOND,** CE À QUOI LES REPRÉSENTANTS DE LA SOCIÉTÉ VEILLENT EN LISANT LE SCÉNARIO AU PRÉALABLE.

Il faut dire qu'après la phase BMW entre 1995 et 2002, Aston Martin a dû mettre la main au portefeuille pour revenir dans la saga, et on comprend qu'elle veille de près au respect de ses intérêts. Aucun chiffre officiel ne circule, bien sûr, mais la presse avait évalué à 35 millions d'euros le montant de l'investissement (prêt de voitures, partenariats publicitaires, etc.) consenti pour revenir dans *Meurs un autre jour*.

Reste que l'on associe tout particulièrement la geste bondienne à la DB5, au sujet de laquelle il faut préciser qu'elle ne figurait pas dans les romans de Ian Fleming (c'est la DB Mark III qui était évoquée). John Stears, responsable des effets spéciaux de *Goldfinger*, en visite chez Aston Martin Lagonda dans le cadre des préparatifs de ce film, découvrit un prototype de la DB5 et en tomba immédiatement amoureux. Il s'attacha alors à convaincre les dirigeants de la marque de lui confier un exemplaire de la voiture, lesquels acceptèrent. Seul hic, l'auto n'était pas assez spacieuse pour que l'on y installe plusieurs gadgets en même temps. Une fois achevées les scènes avec le bouclier pare-balles, il avait fallu tourner celles où l'auto crachait de la fumée et répandait de l'huile sur la route. Un membre de la production prit place dans le coffre pour actionner ces équipements, mais manqua de périr asphyxié en raison d'une fuite dans le dispositif à fumée! Dur métier que celui de cascadeur, lequel exige bien plus de finesse que ce que l'on pourrait croire. Gary Powell, coordinateur des cascades sur les quatre derniers James Bond, que votre serviteur a eu l'occasion d'interviewer durant le tournage de *Spectre* en mars 2015 à Rome, précise par exemple que Bond et Mr.Hinx (le méchant) n'ont pas le même style de conduite car leurs caractères sont différents : « *Bond est plus souple, plus doux, et Hinx nettement plus agressif. Cela doit se voir à l'écran durant la course-poursuite.* » Or, les cascadeurs qui assurent le doublage des acteurs, le champion de rallye britannique Mark Higgins (également détenteur du record du tour de l'Île de Man réalisé à l'occasion du Tourist Trophy) et le russe Martin Ivanov, incarnent chacun des personnages au volant alternativement au fil du tournage. En d'autres termes, tout en veillant à respecter les consignes au millimètre alors qu'ils réalisent des acrobaties incroyables, ils doivent aussi avoir en tête le paramètre du style de conduite du personnage qu'ils doublent!

Mais revenons à la DB5. Au-delà de ce modèle mythique, dont la réapparition-surprise dans *Skyfall* déclencha une salve de hourras et d'applaudissements lors de la première à Londres en présence du Prince Charles, la réalité automobile du célèbre agent secret est parfois moins rose : en cinquante ans de carrière, 007 a aussi dû emprunter quelques « oignons » pour parvenir à ses fins. Sélection.

Renault 11 TXE

Dangereusement vôtre (1985)

Mais comment diable cette Renault 11 coupée en deux, et dont le réservoir se situait dans la partie arrière, pouvait-elle continuer à avancer ? Superbe scène de poursuite malgré tout, et sans doute le destin le plus glorieux dont pouvait rêver la berline compacte de l'ex-régie.

BMW Z3 roadster - *Goldeneye* (1995)

En tout amateur d'automobile sommeille un BMW-iste (qui parfois s'ignore). Mais l'image de Bond paradant tel un minet moyen au volant d'un roadster Z3 écorne un peu le mythe, surtout si l'on considère qu'il s'agit d'une modeste motorisation 1.9 à 4 cylindres...

Z3, certes, mais seulement 4 cylindres... Surtout, l'apparition de l'auto dans *Goldeneye* n'apportait rien au scénario.

AMC Hornet - *L'homme au pistolet d'or* (1974)

Cette banale américaine passera à la postérité grâce à une formidable cascade dont on retiendra qu'elle avait d'abord été simulée sur ordinateur, une quasi-première à l'époque, avec l'auto qui saute au dessus d'un pont à moitié effondré, pivotant durant son vol de 360 degrés dans l'axe longitudinal, avant de se reposer tranquillement sur roues. Réalisée sans trucage, elle constitue une première historique.

Buggy lunaire - *Les diamants sont éternels* (1971)

À bord de ce buggy, Bond s'enfuit du centre spatial tenu par les méchants dans le désert du Nevada. S'ensuit une course-poursuite mémorable, qui comporte même un splendide raté de tournage : sur un plan, on voit clairement une roue du buggy qui s'est détachée et traverse l'écran dans toute sa largeur, et l'instant d'après on retrouve Bond toujours à fond de train et sur quatre roues bien sûr. Comique involontaire d'un bien improbable engin.

La poursuite en buggy lunaire fournira un superbe raté de tournage, bien visible à l'écran.

Tuk-tuk - *Octopussy* (1983)

Le Tuk-tuk est le plus poussif des engins à moteur jamais empruntés par Bond. Mais pas le moins efficace.

Voici sans doute le moins flamboyant de tous les véhicules terrestres empruntés par Bond, qui toutefois n'est ici que passager. Aux commandes, l'ex-tennisman Indien Vijay Amritraj, devenu acteur, qui joue ici le rôle d'un allié de Bond et lui permet d'échapper aux méchants avec maestria. Ce qui n'est pas une mince affaire avec un engin limité à 45 km/h.

Bus à impériale
Vivre et laisser mourir (1973)

Ici, Bond emprunte un vieux bus londonien au volant duquel, par les plus inattendues des manœuvres, il parvient à se défaire de trois motos et deux voitures de police lancées à sa poursuite. Au passage, l'engin perdra son étage supérieur en passant sous un pont. Oh, James...

L'auteur adresse ses salutations confraternelles à Thierry Soave, Aymeric Mantoux et Claude Barreau. Et remercie chaleureusement Luc Ferry, rare exemple d'un homme aussi brillant sur la morale kantienne que sur l'art de la synchronisation d'une rampe de carburateurs, qui lui a fait l'honneur et l'amitié de signer le « Starter » du présent ouvrage.

Bibliographie

Autobiographie non autorisée, Jacques Séguéla (éd. Plon)

Tintin, Hergé et les autos (éd. Moulinsart)

Luc Ferry, l'anticonformiste (éd. Denoël)

Le sport dans l'Antiquité, Wolfgang Decker et Jean-Paul Thuillier (éd. Picard)

Mes mille et une voitures, Gabriel Voisin (éd. du Palmier)

65 astuces légales pour garder ou récupérer son permis de conduire, Jean-Baptiste Iosca, avocat à la cour (éd. du Moment)

Je stresse au volant, au guidon, mais je me soigne !, Jean-Marc Bailet (éd. L'Harmattan)

Archives du monde / Automobiles (éd. de Lodi)

Les cultures du volant, XXe-XXIe siècles, Mathieu Flonneau (éd. Autrement)

L'épopée Logan (éd. Dunod)

Les millionnaires de la chance, Michel Pinçon et Monique Pinçon-Charlot (éd. Payot)

Ma ligne de conduite, Sébastien Loeb (éd. Michel Lafon)

Certains articles de l'ouvrage sont des versions condensées et actualisées de textes signés par l'auteur Pierre-Olivier Marie dans les magazines *Car Life, Question Auto* ou *L'Optimum*.